# 職場のあの人、もしかして発達障害？と思ったら

発達障害者専門キャリアカウンセラー
障害者雇用支援アドバイザー
木津谷 岳

# はじめに――発達障害者と仕事の関係

最近では、「発達障害」という言葉は昔と比べてずいぶんカジュアルに使われるようになったと感じられます。

実際、言葉が浸透したことにより、今まで表面化されていなかった課題がわかりやすく現れたり、「発達障害」を意識して当事者の方と接する機会も増えたことでしょう。

それまでは「接しにくい人だ」くらいの認識だった上司や部下、同僚に対して「もしかして、発達障害なのではないか？」と疑問に思うようになった人もいるかもしれません。

ただし、その実態や、課題解決に向けた対策、発達障害者への理解が同じくらい追いついているかというと、まだまだそこまでには至っていないというのが実情です。

「発達障害者専門のキャリアカウンセラー」をしていると、特にそのことを痛感します。

半分以上がすでに企業などで働かれている方の相談なのですが、「これまでは試行錯誤しながらなんとか働いてきたけれども、発達障害について根本的な理解がある職場ではないということがわかって悩んでいる。我慢もそろそろ限界だ」「転職したいが、こんな自分に合った会社があるだろうか？」という相談が引きも切りません。

さらに突っ込んで聞いてみると、勤務時間などの環境面における配慮はひととおりなされています。しかし、その配慮は主に物理的な部分に留まり、発達障害者の心理的な思いには届いていないことが多いようです。

これは企業の方から受ける相談においても同様で、「雇用に際して配慮をしたり、人事采配の工夫を凝らしてはみるものの、種々の問題解決に至らない」「チーム内での人間関係がうまくいかず、また適切な対策もとれていない」といった悩みを受けるケースが多くあります。すなわち、両者の考え方、やり方には「ズレ」があるということです。

本書では、発達障害を持つ人、あるいは発達障害かもしれない人と、円滑な職場関係を築き、良好なパフォーマンスを発揮できるように働く方法について、一緒に働く人の視点からさまざまに考えてみたいと思います。

発達障害者専門キャリアカウンセラー・障害者雇用支援アドバイザー　木津谷　岳

はじめに――発達障害者と仕事の関係……2

第一章　発達障害者を受け入れる企業の在り方……13

「あの人、発達障害じゃない？」と思ったら……14
発達障害の基本理解……20
あなたの身近にいる「隠れ発達障害」……25
私見「発達障害」について……29
その人の「特性」を見極めることの重要性……34
発達障害者への公的支援の現状……38

これからの企業と発達障害者の在り方……41
発達障害者の「職場定着」が大切な理由……44

第二章　発達障害者の周りにいる「三種の人間」……47

三つの立場で、接し方は異なる……48
立場①上司の方の悩みと役割……51
立場②同僚の方の悩みとすべきこと……54
立場③人事・総務（採用担当者）の悩みと知っておくべきこと……56
定着に必要な「三つの力」……59
1．上司・同僚に必要な「アシスト力」……61

2. 発達障害者にとって必要なセルフケア力……62
3. 人事・総務担当者にとって必要なサポート力……64
定着支援の方程式……66

## 第三章　発達障害者の「戦力化」に必要なこと……71

四つの仕事の「型」を理解する……72
①ワークシェア型……74
②インソーシング（内製化）型……76
③新規創出型……78
④役務提供型……82

戦力化できる仕事の探し方・作り方……85
働く満足感を感じるために……89
真のダイバーシティとは何か……91


## 第四章　発達障害者と共に働くときの大前提……93

それぞれの立場からフォローをする……94
良好な信頼関係の築き方……96
「見極め」の極意……98
コミュニケーションをあえてとおざけない……100
相手を理解するために大切なこと……102

雑談を活用する……104
「自立」と「依存」の関係性……106
共感力を高める……108
相手に受け入れられやすい「提案」をする……110
発達障害者の真の希望を知るために……112

第五章　上司としての接し方……113

上司に必要な心がけとは……114
発達障害者を安心させる〝魔法のことば〟とは……116
発達障害者のモチベーションを上げるには……118

発達障害者の適性を見つけるには……123
発達障害者のハードスキルを伸ばすには……126
発達障害者にソフトスキルを身につけさせるには……129
発達障害の人を褒めるときのポイント……131
チーム全体の体制を整えるには……133
コミュニケーションを円滑に行うには……136
パフォーマンスを上げるルールの作り方……138
与えられた仕事がうまくできないときの対処法……140
メンバーの多様性を活かすには……144

第六章　同僚としての接し方……145
まず「声かけ」で円滑な空気を作る……146
気持ちよくコミュニケーションをとるためには……148
同僚に必要な「話を聴く」スキルとは……150
発達障害者の強みを活かすには……152
仕事をスムーズにしてもらうには……154
ときには柔軟な判断を……156
第七章　人事・総務（採用担当者）としての接し方……159

採用のマッチング率を高めるためには　160
適切な担当者を配置するために　162
各メンバーの負担を減らすには　164
発達障害者と自社のマッチング度を見極めるポイント　167
発達障害者の定着をサポートするには　170
現場（部門）の意向を摺り合わせるには　173
障害者雇用を業績向上につなげるには　175
トラブルが起きたときにどうするか　177
「異能」を活かすことの重要性　179

おわりに　181

# 第一章

# 発達障害者を受け入れる企業の在り方

# 「あの人、発達障害じゃない？」と思ったら

## 「困った人＝発達障害」という思い込み

「社内にトラブルメーカーがいる。きっと発達障害に違いない！」

企業の経営者や人事担当者が集まる場所で発達障害のお話をすると、ほぼ毎回といっていいほど、このようなリアクションが返ってきます。

詳しく聞いてみると、だいたいその「困った人」というのは、次のような方が多いようです。

・協調性がない、コミュニケーションがとれない
・指示が守れない、期限までに仕事を終わらせられない

・指導しても反論する、あるいは、また同じ失敗を繰り返す
・取引先や顧客から苦情がくる

このままでは会社の信用に傷がついてしまうので、なんとかしたいという悩みがあるようです。確かに、それは由々しき問題です。

しかし、その「困った人」は本当に発達障害者なのでしょうか？

万が一そうであったとしても、本人には周りに迷惑をかけている自覚がないかもしれません。当然ながら、自分が発達障害とは思っていないのなら、業務命令で医師の診断を受けさせるのは、「差別」あるいは「人権侵害」にもなりかねません。

また、そもそも、その「困った人」に**「発達障害者」**とレッテルを貼る必要はあるのでしょうか？

発達障害者と特定しなくても、その人のせいで、業務に支障が出ているのなら、就業規則や懲罰規程の定めに従って処分を決めればいいだけです。

厳しいようですが、筆者は、こうした差別的な考え方が職場のトラブルを生む、あるい

は、障害者雇用を阻んでいる一因なのではないかと考えています。

企業の安全配慮義務の延長線上のものとして、従業員のメンタルヘルスに対する配慮を考えるために、発達障害があるかどうかを知っておきたいのだとしても、その確認についてはきわめて慎重な取り扱いが必要です。

すなわち、「社員に対して発達障害の可能性があると疑っていること」それ自体が、当該社員に相当に精神的なダメージを与える可能性があるからです。

## 発達障害グレーゾーンについて

発達障害の傾向があるといわれながら、あるいは、発達障害の疑義を持ちながら、医師の確定診断が下りず、または、診断を受けていないために、障害者福祉制度の対象から外れてしまっている人たちを、「黒」と「白」の中間に位置するということから**「グレーゾーン」**と呼ぶことがあります。

こうした方たちは、できないことがありながら、特性が顕著でないため、周囲に気づかれにくく、「やる気がない」「サボっている」と見なされがちです。

筆者がこれまでにカウンセリングした人たちの多くは、クローズで（発達障害の傾向があることを隠して）働いていますが、自己肯定感が低い人がとても多いように思われます。自分が「普通と違う」ことを訴えても、「見た目は普通」なので周囲の理解を得られず、どこにも属せない自分に絶望に近い感情を持ったり、葛藤を抱えていることが多く、それでも「普通」の人に紛れて必死に働くので、二次障害の可能性が疑われる人も少なくありません。

特に、女性のグレーゾーンの人には、母親と関係性が悪い人が多いようです。

筆者は、グレーゾーンの人にも、診断を望む場合は、「グレーゾーンの発達障害」という認定をして社会福祉制度に取り込んでいくことが、その人のアイデンティティを確立し、生きづらさを軽減するには必要だと考えています。

その一方で、自己肯定感の低いグレーゾーンの人たちには、難しいことは承知のうえで、もっと考え方のフレーム（認識の仕方・発想方法）を変えてほしいと思います。

たとえば、仕事で一度や二度失敗しただけで、「向いていない」「もうダメだ」と考える

## 自閉症スペクトラム障害のなかの三タイプ

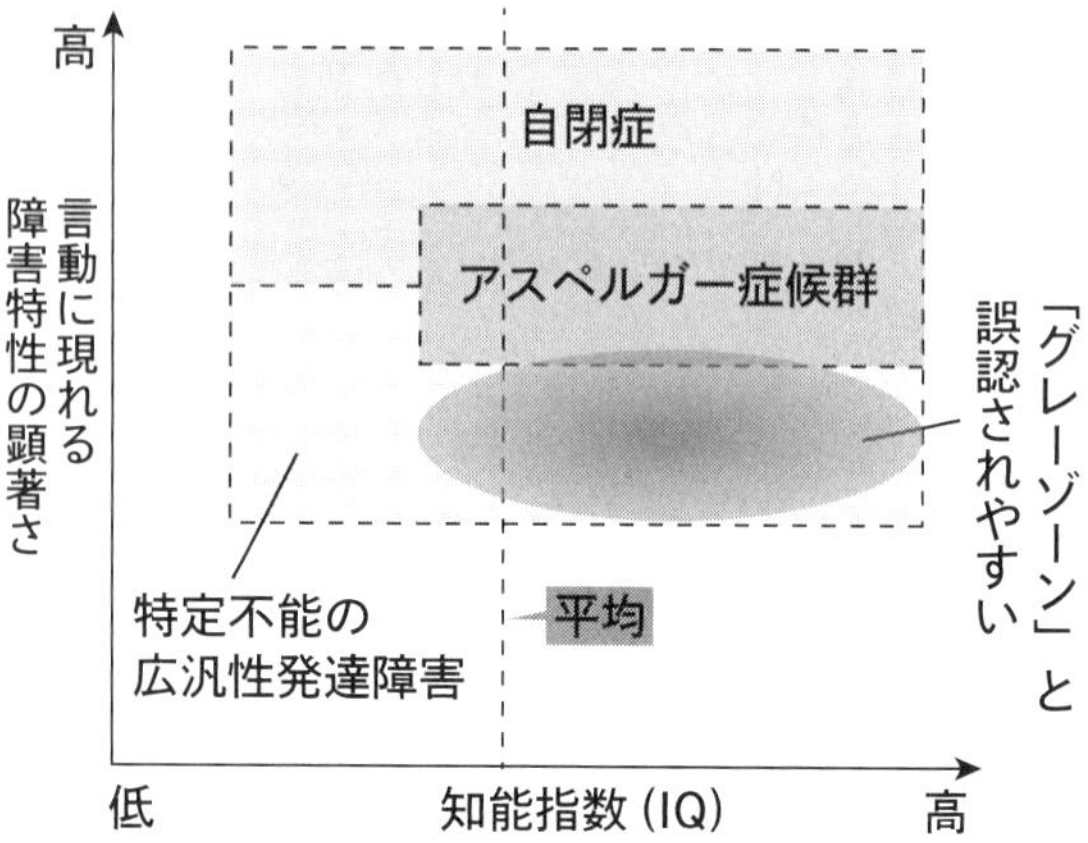


★参考　十一元三《といちもとみ》教授の分析より

のは早計です。

世のなかには、失敗しない人なんていません。

特に仕事に慣れていないうちは、その失敗のなかから改善点をみつけて、次回にのぞみ、職業人として成長していくのです。

こんなときは、視点を自分の外に置き、少し距離をおいて自分を客観視してみましょう。

「よし、これで一つ覚えた」「また成長した」「次は頑張れ！」と自分に声を掛けられたら成功です。単純なことのように思えますが、意外と大切なことなのです。

なんといっても、マジョリティである健常者に混ざって一般求人に応募し、雇用を勝ち取ったのですから、仕事をする基礎的な力はあるはずなのです。

ものごとを肯定的に考えられるように意識づけをしましょう。発達障害の傾向があるゆえに「できる」「できない」があるのは仕方のないことです。努力でまかなえる部分には、もちろん本人の努力も必要ですが、会社の人材育成に係る部分も少なくありません。すべてを自分がダメなせいだと考えるのはナンセンスです。

# 発達障害の基本理解

## そもそも、発達障害とは

発達障害とは、幼少期から現れる発達のアンバランスさによって、脳内の情報処理や制御に偏りが生じ、日常生活に困難をきたしている状態のことです。特定のことには優れた能力を発揮する一方で、ある分野は極端に苦手といった特徴がみられます。

こうした**得意なことと苦手なこととの差**、いわば凸凹は誰にでもあるものですが、発達障害がある人は、その差が非常に大きく、そのために生活に支障が出やすいのです。

本書では、発達障害の人とそうでない人について説明するにあたり、発達障害でない人（一般的な発達の人）のことを「定型発達者」と表現します。

## 発達障害の三つの分類

発達障害は行動や認知の特徴（「特性」）によって、主に次の三つに分類されます。図のようにそれぞれは重複することもあり、人によっては複数の特性をあわせ持つ場合もあります。

こうした特性は見た目ではわからないため、周囲はつい「本人の努力が足りない」と思ってしまいがちです。しかし、努力をしてもなかなか改善が難しいということがあります。

だからこそ、発達障害が「障害」として位置づけられたともいえます。

# 発達障害の三つの分類

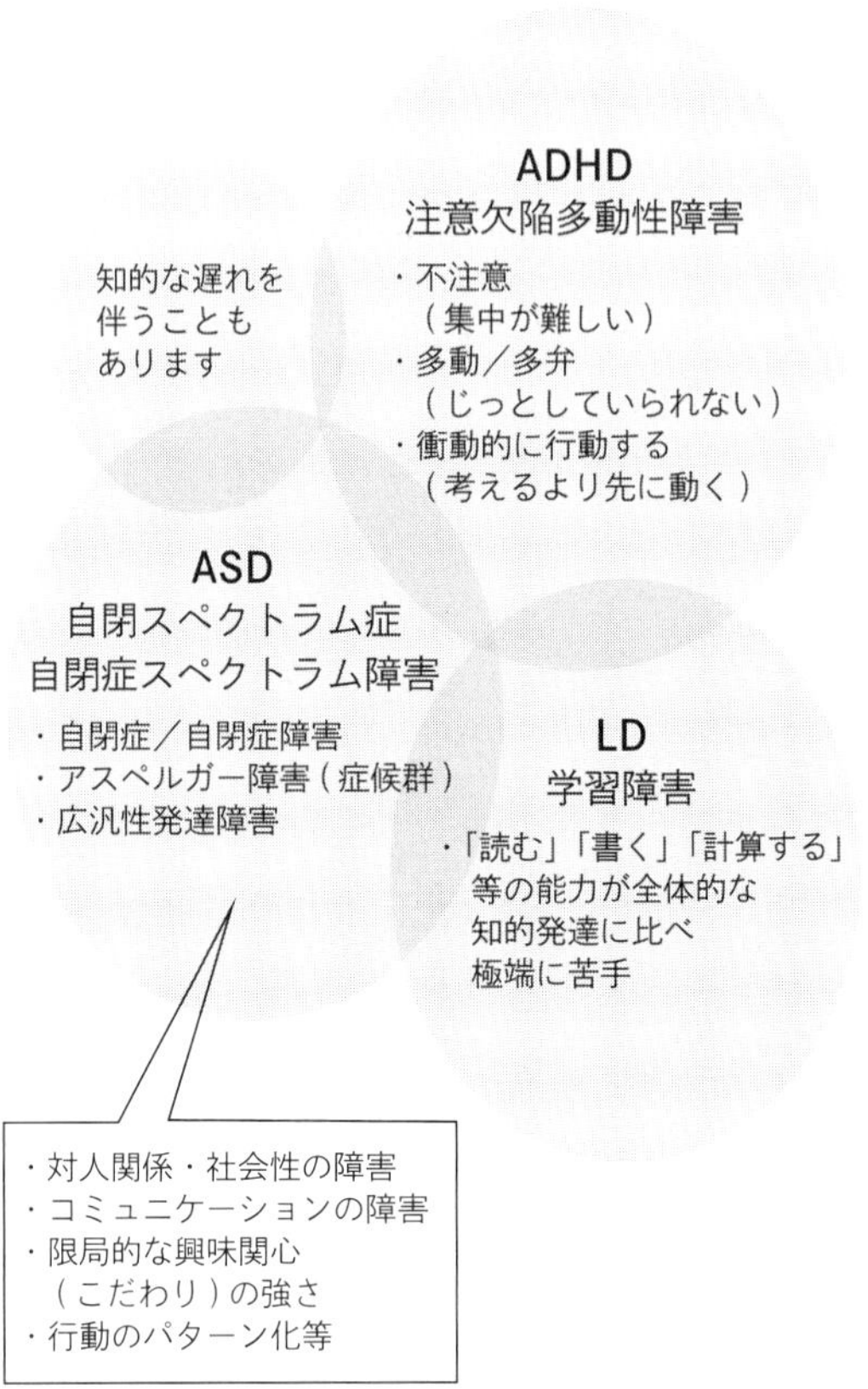


★参考「発達障害の理解のために」（厚生労働省）

■ＡＳＤ（自閉スペクトラム症／自閉症スペクトラム障害）

・コミュニケーションおよび相互関係の障害
——人の気持ちを理解するのが苦手、冗談や比喩が理解できない、興味のあることを一方的に話し続けてしまう、非言語的なサイン（表情・目配せなど）を読み取るのが困難など

・同一性へのこだわりや興味・関心の狭さ
——日課や習慣の変化、予定の変更に弱い、特定のものごとに強いこだわりがある、など

・その他の特性
——聴覚／視覚／触覚など、感覚の過敏性を伴うこともある

■ADHD（注意欠陥多動性障害）

・不注意
——物をなくすことや忘れ物が多い、人の話を一定時間集中して聞けないなど

・衝動性
——予測や考えなしに行動してしまう、相手の話を待てないなど

・多動
——じっとしていられない、動き回る、しゃべり過ぎるなど

■LD（学習障害）

・知的発達には遅れがない、特定能力における困難
——「読む」「書く」「計算する」など、特定の分野の学習において極端に困難が生じる

## あなたの身近にいる「隠れ発達障害」

### 「私、発達障害です」とならないワケ

発達障害のある人は、「相手の気持ちを読めない」「注意のコントロールが苦手」などの特性のため、子どもの頃から集団に馴染めないということが起こりがちです。

そのため、いじめを受けたり、なんとかして周囲に合わせようと無理をして、苦しい思いをしてきたという人も少なくありません。

それなのに、大人になるまで発達障害があるとわからないことが多いのはなぜなのでしょうか？

その理由として、次のようなことが考えられます。

## ①周囲の環境や人間関係によってカバーされていたから

学校では、決められた日課に沿って生活し、与えられた課題をこなしていれば、人付き合いが苦手であってもあまり問題にはなりません。勉強ができれば、多少場違いな行動があっても、先生や親がフォローしてくれるでしょう。

家族や先生、仲のいい友達といった限られた人間関係のなかでは、発達障害の特性も「個性的」ということで認めてもらえていたかもしれません。

しかし、社会人になると人間関係は複雑になり、いろいろな人とやりとりをしなければならなくなります。相手の表情や空気を読み取ったり、周囲に合わせて行動するなど、高度なコミュニケーション能力や社会性を要求されるようになります。

また仕事や学習においても、人から与えられるものだけでなく、自ら計画を立て、主体的にアプローチしていくことが求められます。

そうした周囲からの要求によって、それまで潜在的にあった特性がいっきに浮かび上がってきて、社会生活に支障をきたすということが考えられます。

## ②発達障害という概念が知られるようになってきたのが最近だから

以前は、発達障害の特性からもたらされる失敗や困難さを、本人の努力不足や親の育て方のせい、とされることはよくありました。今でもそうした傾向は残っています。

そんな誤解のなかで、自らの特性や対処法を学ぶことなく育ち、社会に出てから頑張って働こうとしてもやはりうまくいかず、深く傷つくなかでようやく「発達障害」という言葉と出合い、診断を受けた、というケースも少なくないのが現実です。

## ③成人を診る精神科医の間で発達障害のことがよく理解されていないから

実は、「大人の発達障害」を正しく診断できる医者は、首都圏でも多くありません。しばらく前までは、統合失調症など、ほかの疾患と誤診されることもあり、誤った治療を受けて苦しんだという人もいます。

ある研究によれば､ひきこもりの人たちの3割に発達障害があったことがわかりました。しかもそのほとんどは本人も家族も気づかず、診断されていない人たちだそうです。

現在も、発達障害に気づかないまま、社会適応がうまくいかず、苦しんでいる人たちは数多くいると考えられます。

自分の「生きづらさ」の原因がわからず、周囲からも理解されず、マイナスの経験が積み重なっていくことは、「自分は周囲に受け入れられていない」という感覚を抱いたり、〝普通〟になろうと無理な努力を重ねたりすることにつながります。

結果として、社会的な不適応を起こしやすいというのが、「発達障害」「隠れ発達障害」の人の現状であるといえるでしょう。

しかし、大人になってから発達障害とわかった場合でも、悪化を防ぎ、治療を進めることはできます。

発達障害の特性を踏まえた環境の調整や、生活の工夫を、社会適応訓練などと組み合わせていけば、状況を改善していくことは可能です。

## 私見「発達障害」について

### 「発達障害＝多様性」という考え方

これまで述べてきたことは、医学的な知見に基づく発達障害の分類とそれぞれのスタンダードな説明でした。しかし、私個人は発達障害を「生物的多様性」と考えています。

どういうことかといいますと、「脳内の情報処理や制御の偏り」という部分を「異種の脳機能」と捉えているのです。**同じ人間であっても、定型発達者とはカテゴリーが違うという意味です。**

発達障害の人は、生来、定型発達者とはモノの見方・考え方が違う「脳」なので、定型発達者が多数派の社会に適合しにくいのです。

生物的多様性というのは、「生き物のすべてがさまざまな生育の場に合わせたライフスタイルを持っている」ということです。

人間以外の生き物には、動物にも植物にも「水辺で育つもの」「草原に生きるもの」「高地で生息するもの」などの「種」があり、それぞれに適した環境で暮らしています。

ところが、そうした自然界の生き物たちとは異なり、人間社会においてのみ、「発達障害者」という種は、「生きづらい環境」である、「定型発達者中心の社会」に「種」の適合を求められているように思えます。

そして、その環境に合わないからといって「障害者」のレッテルを貼られている、というと言い過ぎでしょうか？

## 「障害＝異常」ではなく、「種」が違うだけ

左ページの「自閉スペクトラムの概念」の図をご覧ください。

「スペクトラム」＝「連続体」という概念でいえば、ここに表された特徴を持つ疾患群の間には明確な境界線がなく、互いに重複したり、症状の現れ方も重症度や年齢などによ

## 自閉スペクトラムの概念

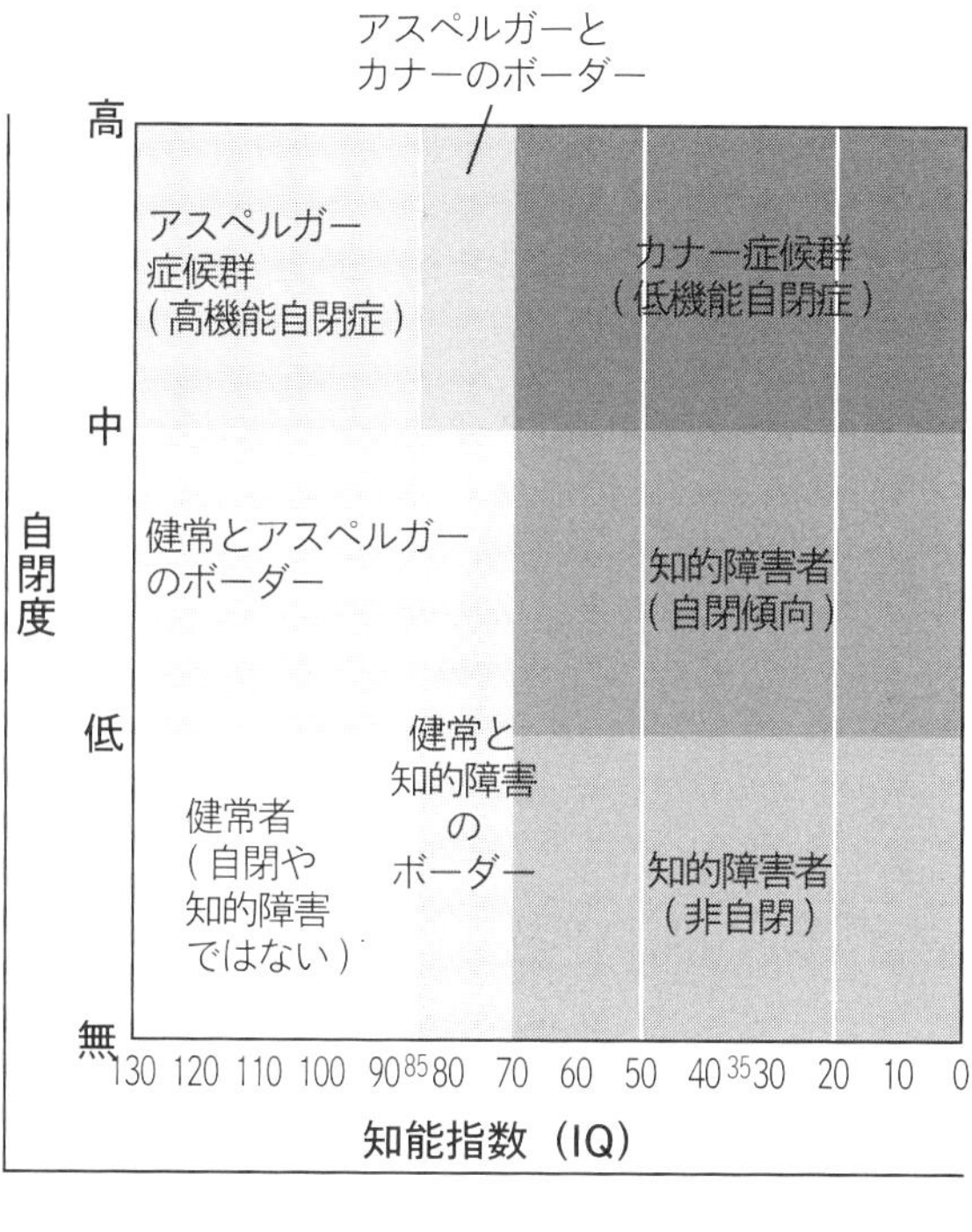


★出典：フリー百科事典「ウィキペディア（Wikipedia）」

り変化すると捉えられています。

「スペクトラム」は、いわば「虹」のようなものです。同じ「赤」にもグラデーションがあり、色の濃さだけでなく、明るさ、鮮やかさなどのバリエーションがあって、色を特定することは困難です。それがすなわち「多様性」なのです。

多様性は、もちろん定型の人にもありますが、発達障害がある方の多様性はさらに複雑で、極端なことをいえば、同じように見えるアスペルガーのAさんとBさんの特性が180度違うことすらあります。

たとえば、同じ「おとなしい」という周りの評価があったとしても、他人との関わりが受動的で従順なAさんと、他人との関わりや社会的権能を避けているBさんとはまるで違います。そして、その多様性が、企業の担当者を悩ませることになるのです。

さらに図をよく見ると、左下に「健常者」(＝定型発達者)と示されたゾーンがあることがおわかりになると思います。つまり、アスペルガー症候群と定型発達者は、一連のものでありながら症状の出方が違うというだけで、「異常」ではなく「種」が異なるだけなのです。

職場においても、定型発達者の社会に「当てはめる」ことにやっきになるのは止めて、多様性を活かせるようなサポートをすれば、発達障害者は十分に「できる」社員になると思います。

## その人の「特性」を見極めることの重要性

### 個人の特性を味方につける

発達障害の人、あるいは、発達障害グレーゾーンの人は、特性に合った「やりたいこと」をやることで、ストレスを溜めずに能力を発揮できます。

本来は誰にとっても「特性に合った仕事」がよいのですが、定型発達者は、生活全般のなかで「やりたいこと」の環境調整ができるのに対して、発達障害のある人は、その環境調整が苦手なので、「やるべきこと」に過剰適応すると「やりたいこと」ができなくなって負のスパイラルにはまってしまいがちです。

しかも、定型発達者が従事する一般就労の業務は、基本的に「マルチタスク」といって、複数の作業を同時に、もしくは短期間に並行して切り替えながら実行する仕事です。作業によっては、「得意」と「苦手」が混在する発達障害の人を混乱させてしまいます。このことを**発達凸凹**といいます。

定型発達者にとってはマルチタスクと意識するほどでもないような仕事であっても、できることとできないことの偏差が大きい発達障害の人にとっては、いっぺんにいろいろな仕事が押し寄せてきた感じがして、優先順位づけなどの段取りに困ることになるのです。

したがって、こだわりのある発達障害者には、人並み以上にできる一つの仕事（＝シングルタスク）に集中してもらったほうが、結果的により高いパフォーマンスを上げることにつながります。

また、アメリカ心理学会のある研究によれば、発達障害のあるなしにかかわらず、複数の作業をマルチタスクに切り替えながら行うのと、シングルタスクで一つが終わってから別な作業を行うのとでは、後者のほうが作業が早くなったという報告もあり、属人的なシングルタスクの職務をカスタマイズすることは、定型発達の人にも有効だといわれています。

発達障害がある人に配慮した環境づくりが、定型発達者の仕事にも良い影響があるのならば、ぜひとも取り組みたいと思う企業も少なくないでしょう。

## 障害の診断を求める場合は、慎重な判断を

会社として、安全配慮義務の延長線上の課題などから「発達障害の可能性がある人」の判断を明らかにしたい場合、拙速《せっそく》な行動をとってはいけません。

手順としては、まず任意で専門医の診断を受けるように勧め、何度も要請を拒否されたときに、初めて業務命令を出すのが妥当でしょう。

その前提として、業務命令には、【①就業規則に健康診断の受診命令などを定めてある②合理的な理由がある】ことが必要です。

合理的な理由とは、「問題行動などの発達障害をうかがわせる事情（経緯）が記録として文書化されている」など、業務命令を正当化できるものです。

なかなか容易ではありませんが、こうした排除を感じさせない態度、意識の持ち方が、発達障害の方、あるいはその疑いのある方の尊厳を傷つけずに、仕事との折り合いをつけていくために必要なことなのです。

## 「個人の尊厳」を損なわない職務環境づくり

さらにもう一歩踏み込んでお話しすると、もしその「困った人」が発達障害者だったとしても、「その問題行動が果たしてその人個人の責任なのか」ということも熟考してみる必要があります。

発達障害は先天的な神経発達障害なので、生来の特性を治すことは不可能です。

それなのに、特性に合わない仕事をさせている、または、特性に合わない環境に置いていて、「できない」と決めつけるのはフェアではないでしょう。

「できない」「変」などと言われ続けていれば、仕事のモチベーションが上がるわけもなく、自己否定から二次障害（うつ病など）を併発するケースも少なくありません。

また、発達障害の人は、センシティブなので注意が必要です。

かといって、特別扱いするということではありません。障害があっても普通に接しましょう。そのなかで、個人の尊厳を守るための気働きが、自然にできると理想的です。

## 発達障害者への公的支援の現状

### 福祉だけでなく、企業からの主体的な定着支援が必要

発達障害者への就労定着支援は、これまでも就労移行支援事業所や障害者就業・生活支援センターなどを中心に行われてきましたが、残念なことに、あまり実効性が上がったとはいえませんでした。

就労1年後の定着率「平成25年度　障害者雇用実態調査結果」を見ると、身体障害者60・8%、知的障害者68・0%　精神障害者49・3%　発達障害者71・5%。

また、勤続年数では、身体障害者は約10年、知的障害者は約8年、精神障害者は約5年というデータがそれを裏付けています。

こうしたこともあり、平成30年4月の「障害者総合支援法」の改正では、一般就労して

いる障害者が長く職場に定着できるように、新たに「就労定着支援事業所」が設けられました。

定着支援事業所の月1回以上の訪問で、障害のある方の就労上の問題解決を支え、また、障害のある方を取り巻く社会的資源に対しても必要な連絡調整やアドバイスを行うことが目的です。

## 制度自体は始まったばかり

定着支援はこれまでも、就職までを一貫してサポートする就労移行支援事業所や、生活と就労を一体的に支援する障害者就業・生活支援センターなどが中心になって行っていました。

しかし、障害のある方の就労が増えてきて、働くことにまつわるさまざまな課題解決をサポートする需要も高まってきたため、平成30年の障害者総合支援法の改正で、定着支援が独立した福祉サービスとして実施されることが決まったのです。

その背景には、就職した精神障害者の半数が1年で離職、発達障害者も約3分の1が離職というデータによるエビデンスがあることが挙げられます。

発達障害の方の退職理由で一番多いのは「人間関係」です。「人間関係」に齟齬《そご》が生まれる原因としては、発達障害という特性に基づく仕事や環境とのアンマッチングもありますが、実は、受け入れ側の準備不足という部分も少なくありません。

せっかく就労支援機関などのサポートを得て、苦労して採用したのにすぐ辞められてしまうのは、企業にとっては痛手ですし、当事者にとっても不幸なことです。

就労定着支援事業所は、就労移行支援事業所が就労後6ヶ月支援を行った後を受けて、就労6ヶ月後から3年間、月1回以上、当事者との面談を行い、日常生活面および社会生活面の課題を把握したうえで、課題解決に向けた支援や、企業や関係機関との連絡調整などを実施しています。

しかしながら、まだ制度が始まったばかりということもあり、不明瞭な部分も少なくないことから、企業側の努力も欠かすことはできません。

# これからの企業と発達障害者の在り方

## 障害者雇用制度の拡大について

障害者の雇用促進を図るための障害者雇用促進法では、事業主に対し、障害者雇用率（法定雇用率）に相当する人数以上の身体障害者・知的障害者・精神（発達）障害者の雇用を義務づけています。

障害者雇用率は5年ごとに見直され、平成30年4月には、従業員45・5人以上の場合に障害者1人以上と、民間企業の法定雇用率が2・2％に引き上げられました。

また、これまでは、法定雇用率の算定基礎に含まれていなかった精神（発達）障害者が算定基礎に加えられることになり、同時に精神障害者の雇用にあたって、新規雇入れから4年以内、または精神障害者保健福祉手帳の取得から3年以内の短時間労働（20時間以上

30時間未満）を1カウントに数えることができる時限措置が講じられるようになりました。

厚生労働省がまとめた「平成29年度　障害者の職業紹介状況など」によると、平成29年度精神障害者の新規求職申込件数は9万3701件で対前年度比9・0％、就職件数は4万5064件で対前年度比8・9％と、身体障害者・知的障害者の数がそれぞれ漸減・漸増するなかで、労働市場への参加が急増しています。

これから障害者雇用を進めるにあたっては、その主流が精神（発達）障害者であることは衆目の一致するところで、企業には精神（発達）障害者の特性理解がますます求められる状況になっています。

なかでも発達障害者は、雇用1年後の職場定着率が精神障害者と比べて格段に高いことから、発達障害者の雇用には、その特性の知識と理解に基づく接し方が求められるところです。

障害者雇用は企業の社会的責任（CSR：企業が倫理的観点から事業活動を通じて、自主的に社会に貢献する責任のこと）の一つといわれています。

特に、発達障害者を雇用することは、「ダイバーシティ・マネジメント（「多様性」を競争優位の源泉として活かすために組織全体を変革しようとするマネジメントアプローチ）」の観点から、きわめて有効な人事施策です。

というのは、後述するように、発達障害には属人性があり、特性的に多様性が高いため、発達障害者の人材活用を通じて、社会に必要なあらゆる商品・サービスに訴求することができるからです。

もちろん、「障害」と称されるからには、発達凸凹の凹をアシストする取り組みが必要であり、接し方にも工夫が要りますが、そうした努力に有り余る成果が見込まれることから、これからの企業には必須のチャレンジだといえましょう。

# 発達障害者の「職場定着」が大切な理由

## 「職場定着」がうまくいかない現状

「職場定着」とは、簡単にいえば、**その職場で長く働き続けること**です。

障害者雇用においては、就職1年後の職場定着率が、身体障害者で約6割、知的障害者で7割弱、精神障害者では5割以下と、近年、新たに雇い入れられる障害者こそ増加しているものの、長続きしない傾向があります。

発達障害者の場合は7割を超えていますが、職場の人間関係や仕事内容、体力面などで離転職を繰り返すことが多く、中高年齢者になると、70－40問題や、80－50問題とも相まって、生活困難に陥るケースも少なくありません。

せっかく就職したのに、なんらかの理由で働き続けられなくなり、早期退職になってしまうのは残念なことです。

退職理由は、雇用された障害者自身に課題や問題があることもありますが、人間関係や仕事への適応という面では、企業などで環境面のサポートができるはずです。

## 定着で障害をプラスに変える

一般に、障害はマイナスイメージで捉えられることが多いと思います。しかし、見方のフレームを変え、必要な環境改善を行えば、知的レベルの高い発達障害者は「戦力化」できます。

戦力化とは、「企業の業績向上に貢献できるようにする」「期待に応じられるように育成する」ということで、人事は本来そのような目的に適《かな》う人事戦略の一環として採用・教育の任にあたっています。

障害者雇用に関していえば、多様な人材を積極的に活用することで生産性を高めようとするマネジメント（ダイバーシティ・マネジメント）の観点から、多様な社会のニーズに合ったアウトプット（成果・実績）を出すという目的で障害者の戦力化を捉えることもあります。

また、現場では、少子高齢化に伴う労働者不足から、部門を統括する上司をはじめ、部門のメンバーたる同僚たちが人材不足解消のために、新入社員や若手社員を早期に戦力化する取り組みをしています。

このように「戦力化」は、企業を強い組織に、また、柔軟で機動的な組織にするために必要不可欠な事柄であり、発達障害者はそのために格好の素材ともいえるのです。

# 第二章

# 発達障害者の周りにいる「三種の人間」

# 三つの立場で、接し方は異なる

## 「社員」とひと括りに捉えるのはＮＧ

発達障害の方と共に働く人には、「採用担当（人事・総務など）」「上司」「同僚」の三つの立場があり、それぞれの距離感に応じて対応が微妙に異なります。

一般企業において、障害者雇用に取り組む際に窓口となるのは、通常、求人採用を担当する人事か総務担当です。採用時に一番頻繁に接するのもこの方でしょう。しかし、対象となる障害者が働く場所は、人事（総務）部ばかりとは限りません。

特に、発達障害の方の場合は、複数の障害者を一ヶ所に集め、同じ仕事を繰り返ししてもらうような集約的なマネジメントに適さないため、複数の部門でそれぞれ個別的な扱いをすることが多くなります。

配属先には、個々に違った上司がいて、違った同僚がいます。入社後に日々接するのは、配属先の管理者である「上司」、およびその「同僚」です。

当然ながら、そこで働く上司と同僚の役割は異なります。つまり、発達障害のある社員との接し方も、上司は上司なりのやり方があり、同僚にも同僚なりのやり方が求められるということです。

そして、誤解を恐れずにいってしまえば、この三者において、当事者の特性理解やマネジメント方法が共有されていることは滅多にありません。特に、中小企業においては、「障害者雇用は人事・総務の仕事」といいきる同僚や上司が少なくない傾向にあります。

しかし、これでは発達障害者の職場定着はおぼつきません。

なぜなら、彼らに足りないのは**ハードスキル（直接的な仕事のスキル）**よりもむしろ、**ソフトスキル（直接的ではないけれども仕事に関係するコミュニケーションや、職場などでの振る舞い方、身のこなしや身支度などのスキル）**であることが多く、それは主に日常の仕事のなかで培《つちか》われるものだからです。

そこで本書では、発達障害の周りの人間を三つの立場から分析し、かつそれぞれの立場における対応方法を、後述する定着場面に照らし合わせながら、発達障害者を仲間として受け入れ・育成し、戦力化する方法について、具体的なノウハウをご提案したいと思います。

とはいっても、発達障害者の雇用は何も特別なことではありません。

普通に「採用 - 研修 - 教育」を行い、「PDCA（計画 - 実行 - 振り返り（分析）- 再チャレンジ」を繰り返すのみです。仕事のやり方自体は障害者も健常者にも差はありません。

ただし、そこには、若干の雇用上のコツと配慮事項があります。

それをこれからご紹介していきたいと思います。

# 立場①上司の方の悩みと役割

## 「情報不足」と「遠慮」は禁物

発達障害者の人と働くにあたり、一番悩みを抱えるのはこの人でしょう。直接の部下となりますから、責任も大きくなります。上司の方が持つ悩みとして、一番よく挙げられるのは「コミュニケーションがとれない」ということです。

同じ職場の健常者社員から「勝手に仕事をする」「期限を守らない」「口答えする」「ミスをしても周りに迷惑をかけている自覚がない」等々、いろいろなクレームが出て、状況確認のために本人の話を聞いても、「いっていることがわからない」「わかりましたといったのに、同じミスを繰り返す」なんてことはよくあることです。

これは何が原因で、どうしたらよいのでしょうか？

原因は「情報不足」と「遠慮」です。そのため、発達障害者社員をマネジメントする不安が生じて、事態を硬直させているのです。

「情報不足」とは、単純に発達障害者を知らないということです。

人間は、経験があることに対する免疫は強いのですが、未経験のことに対しては不安や恐れを抱きやすく、また偏見や固定観念に引っ張られやすいものです。

発達障害者に対する情報が不足しているのなら、本人に聞けばいいだけの話です。
「聞いてるよ」といわれるかもしれませんが、本当に耳を傾けて「聞いている」でしょうか？　最初から叱責モードに入っていないでしょうか？

発達障害がある方は、健常者以上にセンシティブなので、怒られるとわかっていれば、自動的に回避モードになります。

しっかりと聞くためには、まず目的を明確に定めましょう。

仕事を円滑にまわす、トラブルを回避する、職場での配慮を見出すなど、その状況下で必要な目的を定め、それを対象者にも率直に話して、理由を丁寧に聞き取っていく姿勢を示しましょう。

その際、傾聴することも大切です。聴くより前に自分のいいたいことだけいっておしまいにしている場合も、上司にはけっこう見受けられます。

何よりも相手の話に興味を持って聴きましょう。

職場の上司が自分たちに関心がなく（＝情報不足）、言動の裏にある個々の思いに寄り添う気持ちがない（＝遠慮している）と思ってしまったら、発達障害の当事者にイライラが生じたり、批判的になったりするのは仕方がないといえます。

## 立場②同僚の方の悩みとすべきこと

### ユニークな仲間として接する

同僚の方の悩みは、上司の方よりも直接的です。

日々近いところで業務を行っていれば、自分たちのやり方と違っていたり、「仕事のアラ」も目立ちます。接する機会は多いけれども、指導する立場ではないから、あれこれいうのも気を遣う。でもやりづらい部分があるのも困る……といった具合です。

また、発達障害の方は「個人中心的」な考えが多いので、個人よりも組織の運営を重視する定型発達者の姿勢と相容れないこともあり、「同調圧力」には多くのストレスを感じてしまいます。では、どうすればよいのでしょう?

答えは上司の場合と同様に、発達障害を理解し、実践で経験を積むことです。

自分たちと違うからといってスティグマ（烙印：偏見、差別、レッテル貼り、ステレオタイプ化）を押すのは止めましょう。わかってしまえば、彼らならではの理由があり、そのユニークな考え方に目を見張ることもあります。

ただし、企業という組織におけるルールや暗黙の了解事項については、きちんと伝えて守らせましょう。

多少時間はかかるかもしれませんが、慣れてしまえば、基本的に仕事はできるし、根はやさしくフレンドリーな方が多いように思います。

「障害者」という括《くく》りではなく、同じ職場の「仲間」として、彼らの長所を伸ばし、一緒に成長していく視点を持ちましょう。

## 立場③人事・総務（採用担当者）の悩みと知っておくべきこと

### 一人でやろうとしない

最近では、企業の障害者雇用に対する理解が進み、多くの障害者が企業で働くようになって、障害者雇用の一切が担当者に委ねられるということはなくなってきましたが、それでも「採用担当者」の悩みは多いことと思います。

私が初めて民間企業で障害者の採用担当となった頃は、それこそ〝この人なら〟という障害者に出会っても企業の理解が得られず、障害者雇用に対しても、「総論賛成、各論反対」という他部門の態度に、孤軍奮闘しても報われない時期がありました。

また、採用担当者は、採用活動が済んで無事入社の運びになっても、それから先、配属先を決め、業務の切り出し、健常者社員の教育・研修、既存障害者社員の定着支援、トラブルシューティングと目まぐるしくやることが多く、到底一人でまかなえるものではありません。

うまくいって当然で、トラブルなど問題が生じれば責任を問われる立場でもあります。

しかし、この時期に、四苦八苦しながらたくさんの障害者と接し、専門家の力を借りて学んだことが、今日、発達障害者の就労支援を行う礎《いしずえ》となっているのを感じます。

## 社内ですべて解決しなくてもよい

担当者にとって一番大切なこと、それは多くの依存先とつながることです。

どんなに頑張っても、一担当者にできることには限りがあります。また、どんなに勉強したところで、この道一筋ン十年という専門家に敵うはずもありません。

ゆえに、求人ならハローワーク、職場適応支援なら障害者職業センターのジョブコーチ、あるいは東京ジョブコーチ、リワークなら○○、医療なら××、というように、専門別にネットワークを構築しておくことが、障害者雇用を円滑に進め、かつ自らのメンタルを維持す

## 連携しておくべき依存先一覧

| 求人関連 |
| --- |
| ハローワーク |
| **就業・就労支援** |
| **就労移行支援事業所**<br>障害者に対する職業訓練／就職に関する相談・支援<br>**就労定着支援事業所**<br>一般就労へ移行した障害者の就労継続に関する指導・助言／企業・家族との連絡・調整<br>**障害者就労支援センター（市区町村）**<br>障害者に対する職業相談・就職準備支援／職場開拓／職業定着支援／生活面の相談<br>**障害者就業・生活支援センター**<br>障害者に対する就業面と生活面の一体的な相談・支援／事業主に対する職場適応支援<br>（ジョブコーチの派遣、その他）<br>**地域障害者職業センター**<br>障害者に対する職業リハビリテーション／事業者に対する相談・援助<br>**東京しごと財団**<br>障害者に対する就職活動支援／事業者に対する雇用環境の整備<br>（職場体験実習、委託訓練、東京ジョブコーチの派遣、その他）<br>**特別支援学校**<br>障害者に対する職業教育・訓練、インターンシップ、その他 |
| **その他** |
| 社会保険労務士：労働問題に関する相談<br>心理カウンセラー：メンタルに関する相談<br>キャリアカウンセラー：仕事に関する相談 |

るうえで有効です。

また、社内において、有形無形に障害者雇用を助けてくれる職場サポーターのような社員を見つけておくことも、できればしておいたほうがよいでしょう。

# 定着に必要な「三つの力」

## 定着のカギは企業にあり

障害者向けの定着支援の現状と、制度自体が新しく、まだ探り探りで進めている部分も多いという我が国の福祉の課題については、第一章の終わりの部分でお話ししました。

今後は変化する部分も多いと見込まれますが、今のところは職場定着を福祉だけに委ねるのは不十分といえるでしょう。

というのも、職場定着は本来、企業に帰する部分が多いものです。

そこで働く障害者の特性にあった環境や働き方が満たされてこそ、対象者が最大限の能力を発揮でき、モチベーションが維持されて定着が望めるようになります。

それならば、企業における定着を決定づける要素は何でしょうか？

## 職場定着に必要な「三つの力」とは

ここでは、発達障害者の職場定着、すなわち「企業が発達障害の方を受け入れ、互いに良い関係を築き、長きにわたりスムーズに仕事を進める方法」を、発達障害当事者と、共に働く人間の、両方の視点から理解していきましょう。

職場定着を促すには、「三つの力」が必要です。

それは上司・同僚の「アシスト力」、障害者本人の「セルフケア力」、人事・総務担当者の「サポート力」の三つです。

三つの力それぞれの立場からの発達障害者に対する接し方や、課題への対処方法については、これから順を追ってご説明していきます。

それを元に、あなたの職場の定着支援の方程式を導き出しましょう。

## 1．上司・同僚に必要な「アシスト力」

### チームプレイのパワーアップを図る

一つめの力は、上司・同僚に求められる「アシスト力」です。

アシストは、サッカー用語としても使われているように、**他人のやっている行為などを手助けすること**です。チームメンバーとして、彼らの仕事をフォローしましょう。

気をつけてほしいのは、上司や同僚はあくまでもアシストにまわること。目的は発達障害者へ綺麗なパスを送ることで、自らの脚でゴールしてはいけません。

したがって、上司・同僚にとって必要なアシスト力とは、ハード・ソフト両面での環境整備となるでしょう。それをどこまで実践できているかが、アシスト力の評価を表すものになります。

## 2. 発達障害者にとって必要なセルフケア力

### 依存する勇気を持つ

二つめに必要なのは、発達障害者自身の「セルフケア力」です。

セルフケアとは、自分自身で世話をする・面倒をみることで、具体的には「自分の体調や心の状態を把握すること」、言い換えれば、**自己管理ができること**です。

発達障害者は、子どもの頃から、周囲に叱責される失敗体験をたくさん経験しているので、自己否定に陥りやすく、ライフイベント（結婚、就職、出産、大病など）に臨む際、メンタル不調に陥りやすい傾向があります。

また、孤独や抑うつ、プライドなどの原因で、人に助けを求めることが苦手です。

本来、私たちが「健康で文化的な最低限度の生活」を送るために人に助けを求めることは、なんら恥じることではないのにもかかわらず、仲間や支援者に頼ることができないことが多いのです。

しかし、依存先は多ければ多いほど良いと思います。一人ではできないこと、満たされないことがあったら、放っておくのではなく、それを周囲の人とのつながりのなかに求めましょう。その過程でコミュニケーション力も身についてきます。

そうした心身のメンテナンスができる人が、セルフケア力がある人です。

発達障害者自身にセルフケア力が身についていれば、企業側は、主に発達障害者のハードスキル（仕事を遂行する能力）に目を向けていればよく、負担も少なくて済むので、関係性が円滑になり、職場定着も自然と進展します。

そのため、場合によっては、発達障害者自身のセルフケア力を引き上げることも必要です。

## 3. 人事・総務担当者にとって必要なサポート力

### 雇用前と雇用後のケアに気をつける

発達障害者の職場定着にあたり、人事・総務担当者に求められるのは「サポート力」です。「サポート」とは、**主役である発達障害者を見守り、応援し、ときには叱咤激励する、すなわち、全面的な支援をすること**です。

人事・総務担当者のサポートに関しては「雇用前」と「雇用後」で違いがあります。

まず、「雇用前」の場合、発達障害者には、普通、支援機関がついていて、就労までの全面的なサポートをしているので、人事・総務担当者としては、社内の条件や雇用待遇などの調整をすればおおむね事足ります。

一方、「雇用後」は、「支援機関の元利用者」ではなく「自社の社員」になるので、支援機関からフォローを受けることは少なくなります。

すなわち、雇用前に支援機関が行っていた精神面のサポートや、生活面の管理も含めて、それが仕事に影響することならば、人事・総務担当者が関係者と調整のうえ、すべてやらなければならないわけです。その意味では、はじめはともかく、経験を重ねてある程度までの専門性を身につける必要があります。

また、社内の関係者との調整にあたっては、今までお話ししたこととは別のサポート力を発揮しなければなりません。したがって、人事・総務担当者には、雇用前と比べて、より綿密かつ全面的なサポートが必要となります。

そのなかには社内のみならず、社外の専門機関との連絡・調整も含まれます。

## 定着支援の方程式

### 現状を知り、対策を練る

定着の成否を決定するのは、前項でも述べた三つの力に基づく総合力です。その判断にあたり、「定着支援の方程式」を活用しましょう。この方程式のなかでは、先ほどの三つの力を次のように表します。

「上司・同僚のアシスト力」＝D
「発達障害者のセルフケア力」＝C
「人事・総務のサポート力」＝H

## アドミ型企業の定着支援の方程式

**職場定着力（T）＝0.4 D＋0.4 C＋0.2 H**

## セクション型企業の定着支援の方程式

**職場定着力（T）＝0.2 D＋0.4 C＋0.4 H**

定着の方程式は、その企業のマネジメントスタイルによって次の2種類に分かれます。

**アドミ型企業の場合**

アドミ型（統制型）の企業とは、人事など、管理部門が主導的に障害者雇用をしている会社、あるいは中小企業で上司（部門長）がプレイング・マネージャーの役割を担わなければならないなど、マンパワーに制限がある会社や、障害者雇用の実績が比較的浅く、部門（現場）にノウハウがない会社をいいます。

このタイプの企業の場合、定着支援の方程式は次のようになります。

**職場定着力（T）＝0・4D＋0・4C＋0・2H**

### セクション型企業の場合

セクション型（部門型）の企業とは、発達障害者の直接の上司や同僚が、主導的に障害者のフォローをしている会社、または、大企業あるいは社内に多くの部門（支店、営業所、工場、店舗）があるため、人事・総務担当者が日常的に障害者に接する機会が少ない会社をいいます。

この場合の方程式は、次のとおりです。

**職場定着力（T）＝0・2D＋0・4C＋0・4H**

三つの力（D・C・H）の評価は、企業により異なります。評価にあたっては、次のページのようなチェックリストを活用しましょう。このリストは、それぞれが課題を感じた点を挙げ、その対応に対して百点満点ならば何点かを自己採点するものです。

記入例のような評価となった場合、評価点を方程式に当てはめてみると、アドミ型・セクション型それぞれで、次のような職場定着力が算出されます。

## チェックリストの作成・記入例

### D：上司・同僚のアシスト力チェックリスト（部門責任者用）

| 課題（困難を感じた場面） | 対応（どう対処したか？） | 評価（点） |
|---|---|---|
| 同じ発達障害の部下 A と B が全く違い、対応に困った | 発達障害の本を購入し、勉強した | 80 |
| 来週〆切の仕事を催促したら抗議された | 納期は変わらないが、明日までに進捗を報告してほしいと改めて依頼した | 50 |
| 急な納期変更を伝え忘れていた | 納期変更を断られたため、つい感情的になり、ほかの人に急遽割り振りを変更してしまった | 20 |
| 部下 A が同じミスを 2 回も繰り返してしまった | 2 回ともミスを責めるのみとなっていたため、次回は建設的な対処法を検討する | 20 |
| 集団作業は人目が気になり集中できないといわれた | 一人でできる仕事に配置転換した | 80 |
| 評価平均点 | | 50 |

### C：発達障害がある社員のセルフケア力チェックリスト（本人用）

| 課題（困難を感じた場面） | 対応（どう対処したか？） | 評価（点） |
|---|---|---|
| 「あの件で」と聞かれ、どの件かわからなかった | 「○○の件ですか？」と確認できた | 80 |
| 以前ミスをした仕事に再チャレンジした | 仕事は完成したが、第三者にチェックしてもらうのを忘れた | 50 |
| 同僚に思いつきでいった言葉で傷ついたといわれた | 慌てて謝った。今後は、口に出す前に、「この発言は適当か」「この行動で嫌な思いをする人か」を考えたい | 30 |
| 上司に勤務態度を注意され、イライラしてしまった | アンガーマネジメントの本を買い、読んでいる | 40 |
| 前日の夜遅くまでゲームをしたせいで、昼間眠くて仕方がない日があった | 就寝時間を決め、体調を考慮して休むようにした | 100 |
| 評価平均点 | | 60 |

### H：人事・総務のアシスト力チェックリスト（採用担当者用）

| 課題（困難を感じた場面） | 対応（どう対処したか？） | 評価（点） |
|---|---|---|
| 発達障害の社員 A が悩みを抱えているようだが、尋ねても回答が得られない | コミュニケーションの回数を増やしたところ、質問への回答が以前よりも多く得られるようになった | 70 |
| 指示が早口で理解できないといわれた | メールや書面での伝達に切り替えた | 80 |
| 社員 B の生産性が急激に下がった | 上司曰く、ここ数日体調が悪そうだとのことなので、相談のうえ、休憩時間の延長と通院の指示をした | 70 |
| 発達障害の部下が休憩を取らないと上司から相談があった | 当該社員に、ポップアップ機能のあるアプリで休憩時間を知らせるようにした | 80 |
| 遅刻が多かったため、少しきつめに注意した | 理由を聞かずに責めてしまったため、改めて理由と対策について話し合った | 50 |
| 評価平均点 | | 70 |

## 定着力の判断基準

| | | |
|---|---|---|
| 80 < T | → | 定着可能 |
| 60 < T ≦ 80 | → | 定着はやや困難 |
| T ≦ 60 | → | 定着は困難 |

①アドミ型企業の場合
（0・4×50）＋（0・4×60）＋（0・2×70）＝58
②セクション型企業の場合
（0・2×50）＋（0・4×60）＋（0・4×70）＝62

上の基準によると、アドミ型の場合は定着困難、セクション型の場合はやや困難という判断になります。いずれにせよ、三つの力のどれが欠けても判断は難しく、またどれかの力が欠けた状態で職場定着を図ることは困難であることがおわかりいただけるかと思います。

「定着支援の方程式」の本来の目的は、判定結果に一喜一憂することではなく、その数字になった原因を探り、弱かった力を補充することで、支援力を強化することです。

企業の定着支援の取り組みに「定着支援の方程式」を積極的に活用しましょう。

# 第三章

## 発達障害者の「戦力化」に必要なこと

# 四つの仕事の「型」を理解する

## 「仕事がない」を「なくてはならない」に引き上げる

障害者雇用支援アドバイザーとして企業を訪問していて、圧倒的に多い相談が「障害者にやってもらう仕事がない」ということです。正確にいえば、「ない」のではありません。社内の各部門で行っている業務を鑑みるに「障害者用の仕事が見つからない」ということだと思います。

なぜ見つからないのかといえば、見るポイントが違うからです。**そもそも「障害者用の仕事」など、もともとない**のですから。

そこで、この項では、一般によくいわれる「仕事の切り出し」＝「（障害者が従事できる）仕事の探し方・作り方」について、四つのパターンをご紹介しながら、それぞれのメリット／デメリットをお話ししてみたいと思います。

どの型が適切か（あるいはどの型なら自社に当てはめることができそうか）は、会社の規模や性質により異なりますが、基本的な部分は大きくは変わりません。自社での取り組みの参考になれば幸いです。

発達障害者は、モノの見方や考え方、コミュニケーションのスタイルなど、マジョリティ（多数派＝定型発達者）とは異なるため、同じ括りで捉えるのは無理があるでしょう。

それぞれの特性や会社の環境を踏まえたうえで、彼ら一人ひとりが、己の個性や能力に応じた仕事に従事できること。また、働く満足を得ながら、戦力として活躍できる職場を構築することが、ダイバーシティを実現する第一歩になると思います。

## ①ワークシェア型

職場の各部門から、専門的知識や技術を必要としない職務（定型作業）をピックアップし、各職務の組み合わせにより、障害者の新しい職務として再構築する方法です。

特例子会社をはじめ、多くの企業で行われている一般的な方法ですが、企業などが障害者雇用率にカウントするときに、必要労働時間を満たす作業量を集約できず、苦労されることがあります。

また、比較的簡単な間接業務が多いため、発達障害者には物足りなく感じられることが多いようです。

## ワークシェア型の働き方

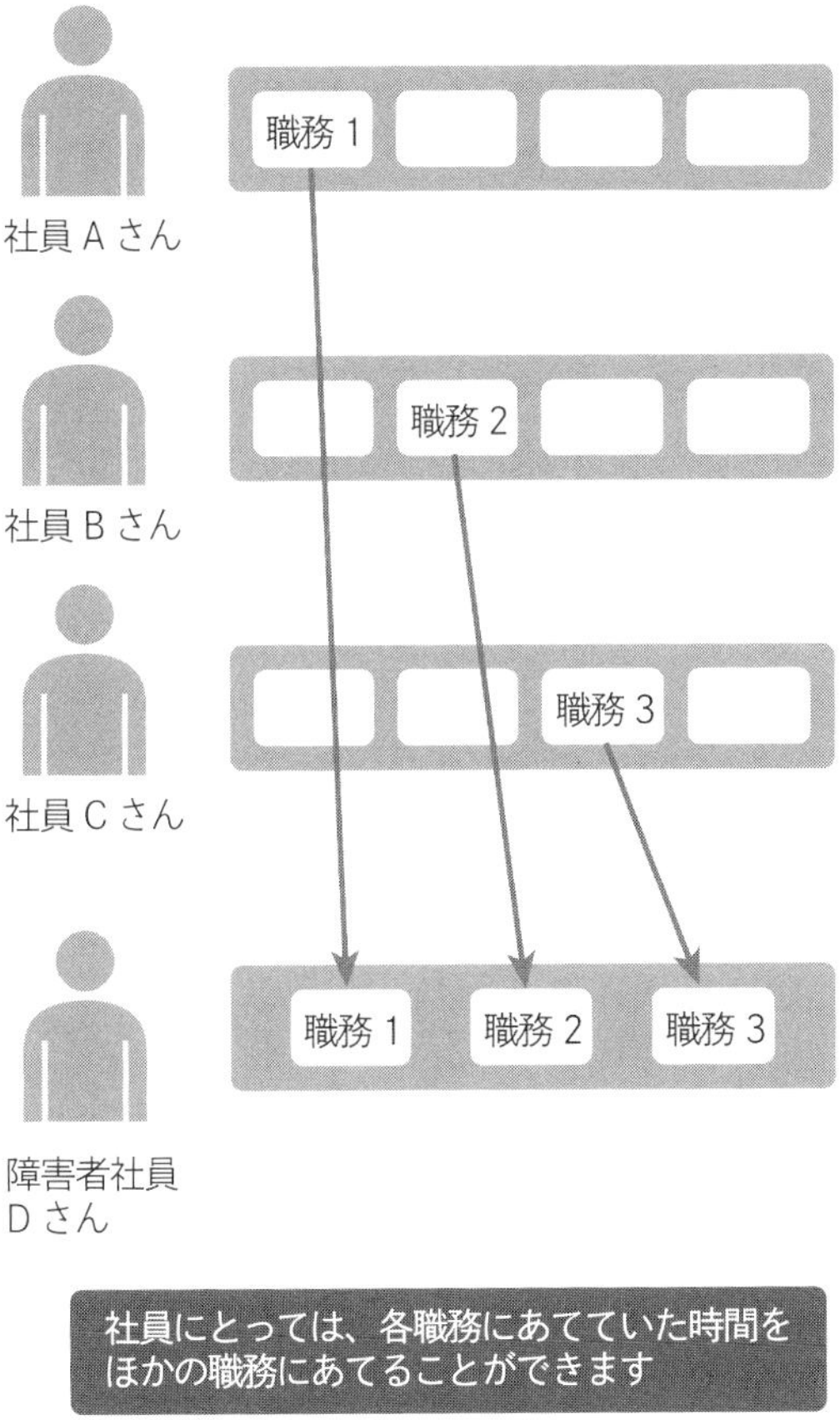


★参考「はじめからわかる障害者雇用～事業主のための Q&A 集～」（独立行政法人高齢・障害・求職者雇用支援機構）

## ②インソーシング（内製化）型

外注（アウトソーシング）している職務を社内で扱うようにする方法です。日常清掃、名刺やチラシの印刷、データ入力などの職務を内製化することで、外注コストを削減できるという面が強調されますが、かえってコスト高になることも多く、効率化という点では疑問を感じます。

ただし、データ入力などの職務にあたっては、ＰＣのスキルが高い発達障害者に任せれば、生産性が向上し、効率化という観点からも十分な効果が期待できます。

## インソーシング型の働き方

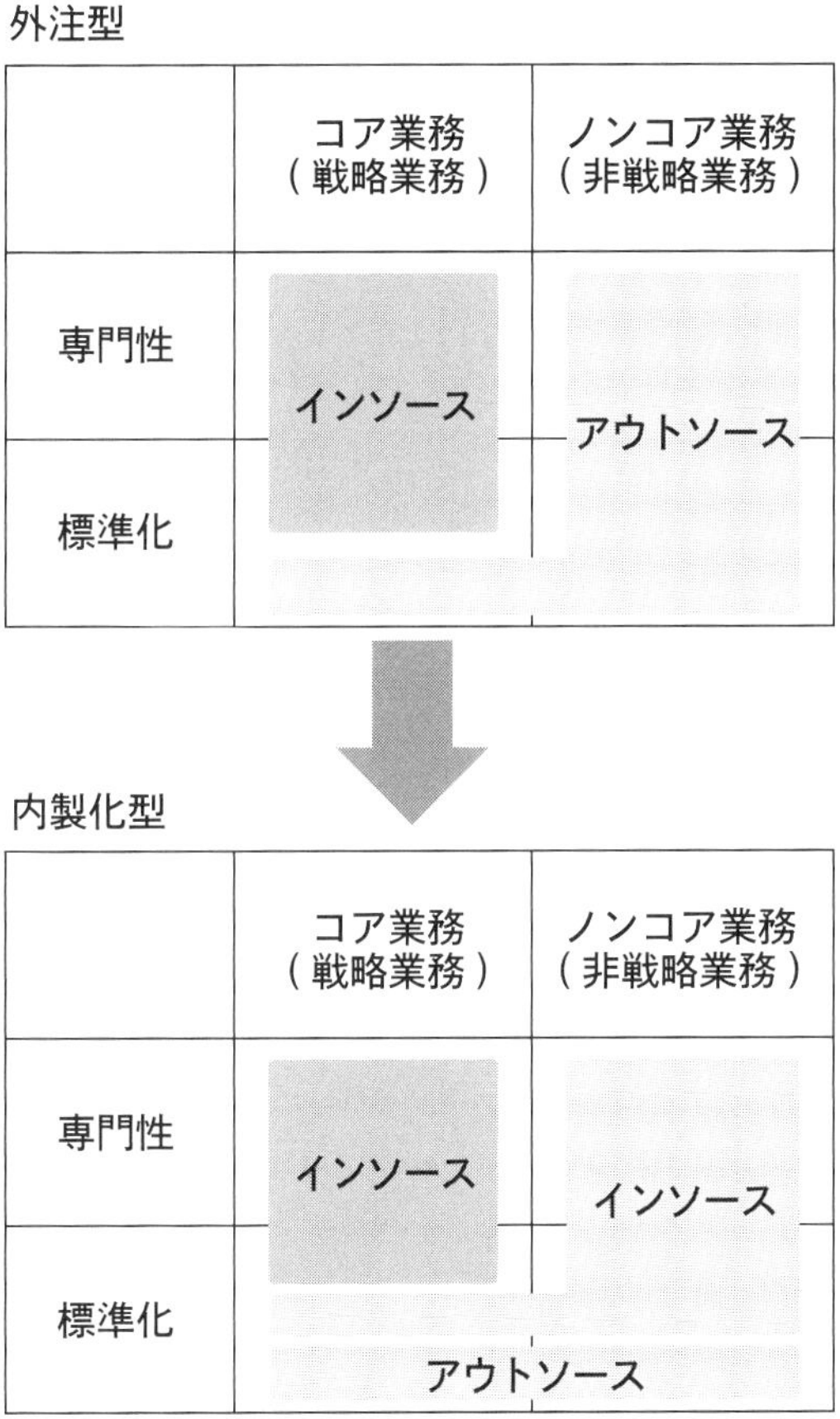


★参考『間接材購買戦略―会社のコストを利益に変える』（谷口健太郎／東洋経済新報社）

## ③新規創出型

### a サテライト型

本業とは直接関係のない新規事業を創出する方法です。

障害者に合った職務を扱う一元的組織として、障害者をまとめて雇用することができ、人事制度や賃金制度を独自に設定できるなどのメリットがあります。

別会社として利益を出すことで、障害者が新たな事業を通じて、会社全体に貢献できる可能性がある反面、障害者を一ヶ所に集めて雇用することが、ソーシャルインクルージョン（「すべての人々を孤独や孤立、排除や摩擦から援護し、健康で文化的な生活の実現につなげるよう、社会の構成員として包み支え合う」という理念）に逆行し、社会的排除を容認するものであるとの指摘もあるようです。

## 新規創出型（サテライト型）の働き方

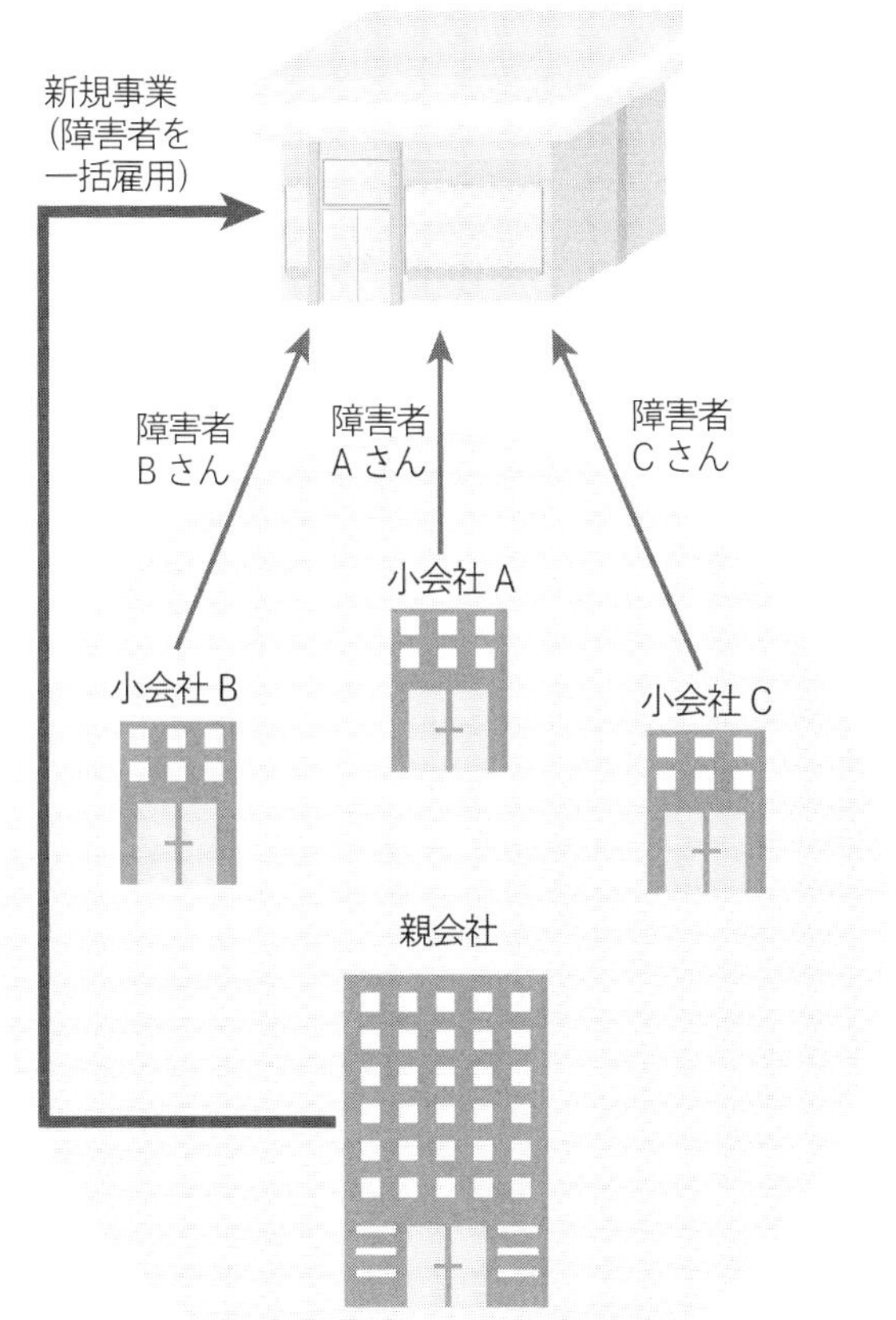

### b 代理ビジネス型

社内に障害者がやる職務がないとき、当該企業とは別の会社が障害者に作業場を提供し、その作業の運営・管理を代行する代わりに手数料を取ることで、企業の障害者雇用を促進する方法です。

このビジネスが成り立つ理由は、「雇用納付金＋雇用率未達成の悪評」のほうが「障害者の給与＋代理手数料」よりも大きいからです。

一定のルールのなかで合法的に活動している企業を責めることはできませんし、代行業者は人助けをしているわけなので悪くいうことはできませんが、二〇一八年に発覚した中央省庁の「障害者雇用の水増し」問題同様、法定雇用率制度の限界を表したものともいえ、けっして望ましい姿ではないと思います。

## 新規創出型(代理ビジネス型)の働き方

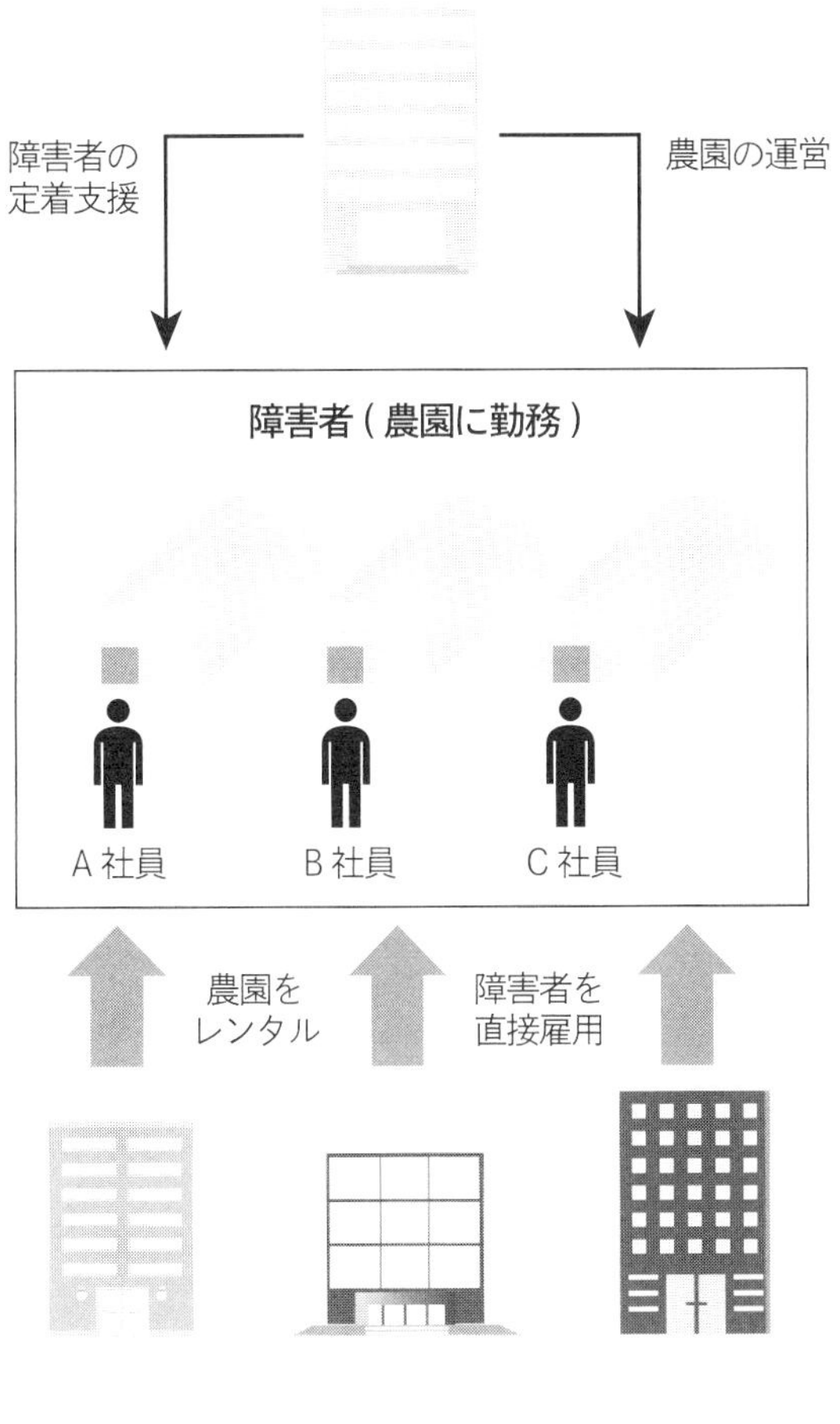

## ④役務提供型

これまでさまざまな企業で行われてきた、障害者を一ヶ所に集め間接業務に従事させる「集約型雇用」は、個別に特性の異なる精神・発達障害者には不向きであるといってよいでしょう。特にハードスキルが高い発達障害者にとって、単純反復作業が中心の職務はモチベーションを低下させるものです。

また、法定雇用率未達成企業が多い中小・零細企業においては、環境面などにおいて、もともと「集約型雇用」は不可能ともいえ、ダイバーシティ+ソーシャルインクルージョンの面からも「分散型雇用」が望まれています。

ただし、「分散型雇用」は、担当者の人材不足、およびサポートが困難との理由で、これまで企業などから退けられることが多くありました。

その欠点を補い、「分散型雇用」を推進する目的で考案された方法が「役務提供型」です。

「役務提供型」とは、次ページの図のように、上級役職者が職務として行っている「プレイ（属人性のない業務）」と「マネジメント（管理業務）」のうち、「プレイ」の部分の権限を下位の社員に順次移譲していき、「マネジメント」の職務に専念させるやり方です。そうすることで、一般社員に集積された「プレイ」の職務の余剰部分を適性のある障害者に委ねるものです。

この方法ならば、各部門において「分散型雇用」ができ、かつ障害者が間接業務ではない本業の仕事に携わることができます。

なお、課題とされていた「担当者業務（障害者のサポート業務）」は、ジョブコーチなどは、外部の社会資源を利用すれば足りますし、ハードスキルの高い発達障害者を活用すれば、管理コストは最小限で済みます。

## 役務提供型の働き方

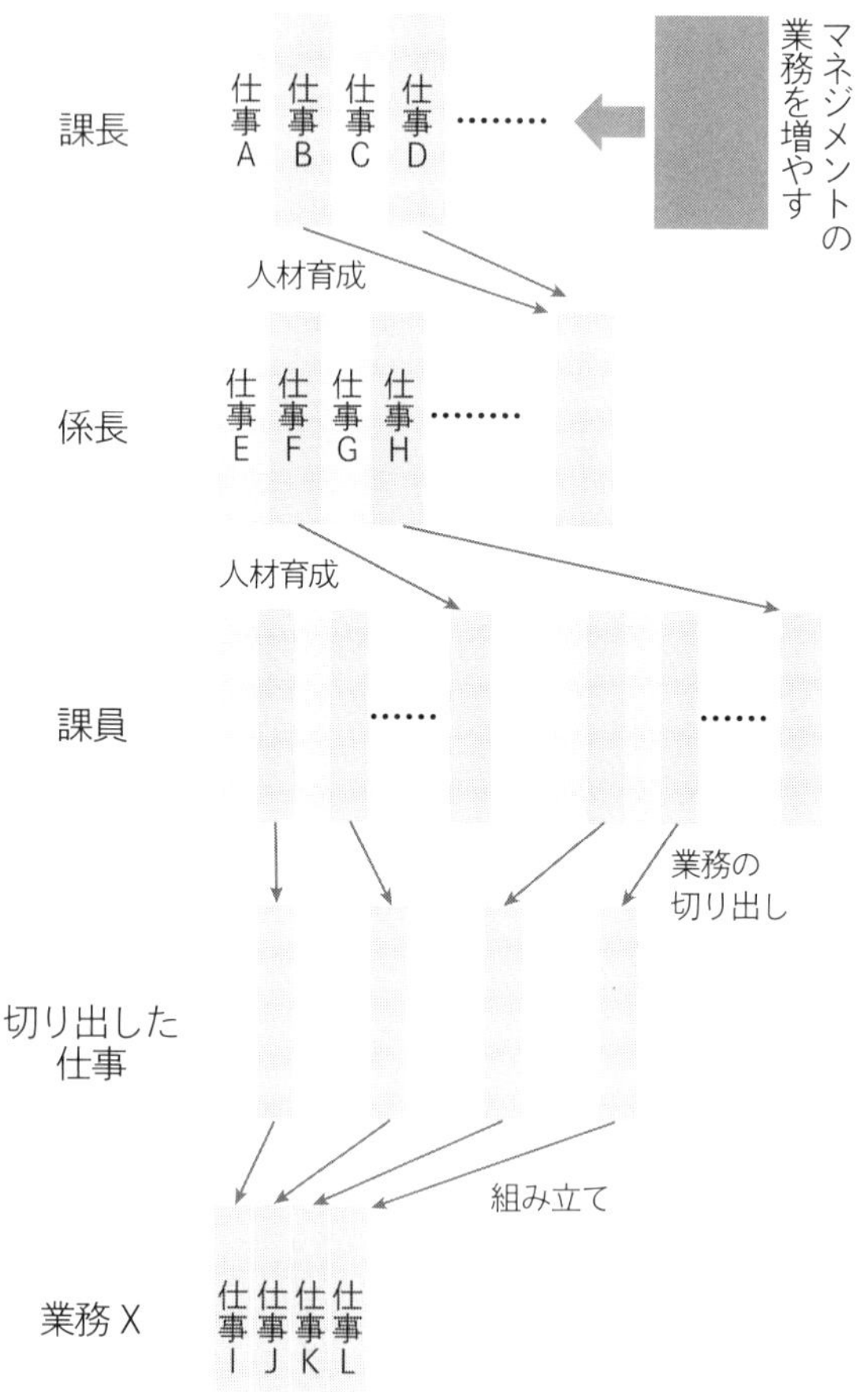


★参考「（就労支援）仕事の切り出しについて一考」（「炎のジョブコーチ」より）

## 戦力化できる仕事の探し方・作り方



### あえて主幹業務を割り振る

次に、発達障害者を実際の業務で戦力化する方法をお話しします。

障害者雇用の進展に伴い、企業などで働く発達障害者も増えています。

しかし、彼らに委ねられる業務は、**定型発達者がする「仕事」を補助する間接業務である**のが一般的です。

競争社会のなかで、企業が利益を上げ成長していくためには、こうした間接業務は生産性の観点から非効率といえます。企業としては、本来ならば間接業務は低減させたいと思っています。

ところが、障害者向けの業務が見出せないので、それほど難しくない間接業務をわざわざ残して障害者にやってもらっているという事例があります。企業の障害者雇用には、実はこういうジレンマがあるのです。

先に述べたように、発達障害がある人の多くはハードスキル（仕事そのものの能力）には重篤な問題がないことや、簡単な作業では飽き足らないことがあり、間接業務に特定した業務だけではモチベーションが続かない傾向があります。

そのため、思いきって発達障害者向けに会社の主幹業務のなかから、発達障害者が「やりがい」を感じられる業務を切り出して割り振ってみましょう。はじめは少々抵抗を感じられるかもしれませんが、今後の発達障害者雇用にとっては必須の事項だといえます。

その際には、次の二つの方法も参考にしてみてください。

### ①みなし雇用

慶應義塾大学の中島隆信教授が提言されているもので、各々の企業が就労継続支援A型事業所に発注した業務量に応じて、それぞれの企業の雇用率にカウントできるというもの

## 「みなし雇用」のしくみ

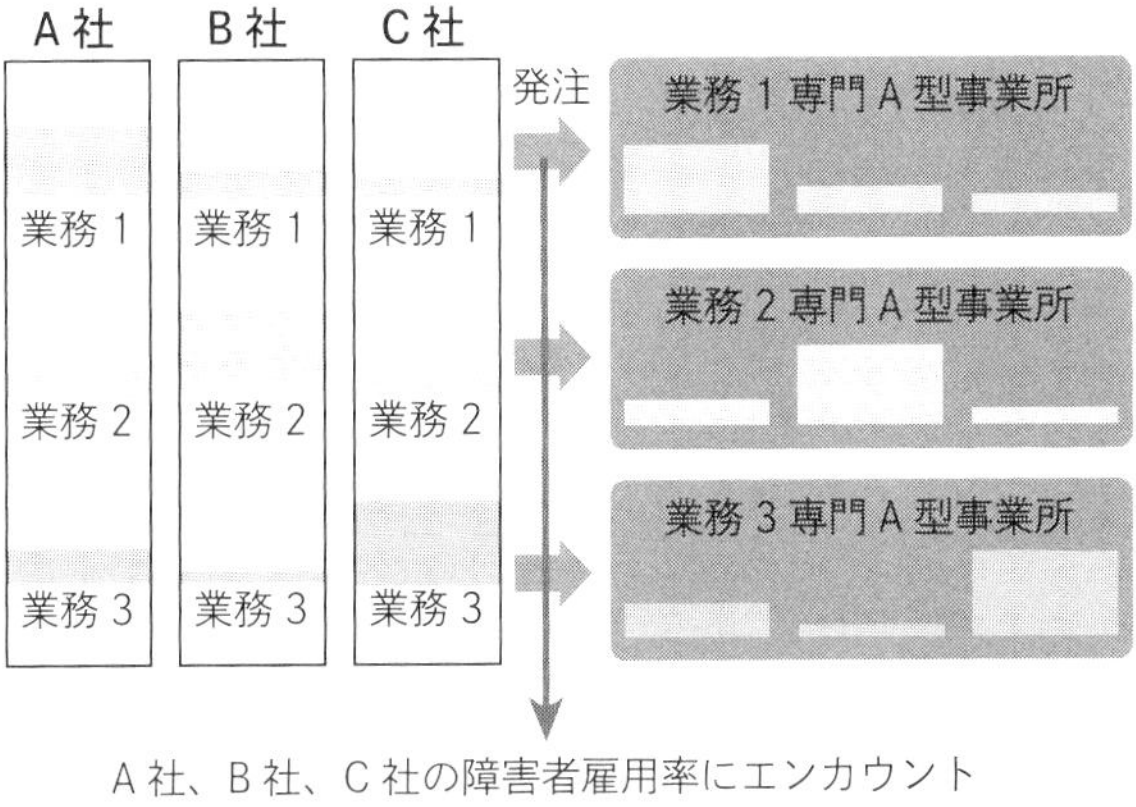


★参考 IT メディア 中島隆信教授の論説より

です。

利点としては、企業の間接業務や雑用だった仕事を、その業務を専門とするA型事業所に発注することにより、その仕事が本業化するということです。

また、その業務でそのA型事業所が生産性を上げれば、別の企業からも注文を取ってくることができるといいます。

傾聴に値する考えだと思います。

テレワークのしくみ

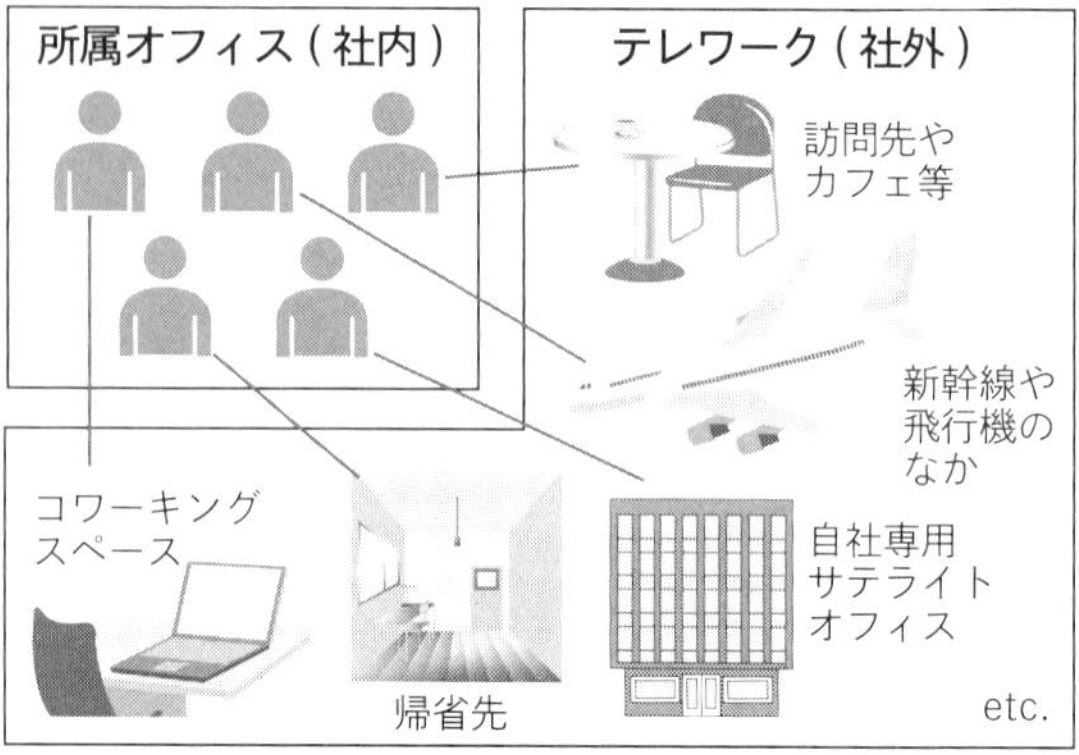


## ②テレワーク（全社員戦力化）

障害者の特性や生活環境に応じて、社外でのモバイルワークや在宅勤務を推進するものです。もちろん、オフィス勤務が可能な人には、執務室でのフルタイム、パートタイム、超短時間労働も選択肢になります。

テレワークを導入することにより、障害者であるかどうかといった問題から離れて、誰もがダイバーシティ経営を推進する企業の一員として、ソーシャルインクルージョンを享受することができるでしょう。

## 働く満足感を感じるために

### そもそも働く意味とは何なのか？

今の日本では「働く意味がわからない」人が増えているといいます。
ある新聞記事には、働くことには次の三つの意味があると示されていました。

1　お金のため
2　楽しむため
3　社会貢献のため

「①お金のため」とは、「生きるため」といい換えてもいいでしょう。

ただし、生きるためということは、それをしなければ生きていけないということですから、働く意味が「生きなければならなくてする生活のために必要なお金を稼ぐこと」だとしたら、それはけっして楽しいことではないはずです。

「②楽しむため」といっても、誰もが好きなことを仕事にできるとは限りません。もしも好きなことを仕事にできたとしても、必要な知識やスキルを身につけ、楽しいと思うようになるまでには、相当な時間や努力が必要ですから、これも必ずしも楽しいことばかりではないでしょう。

「③社会貢献のため」というのは、生き方としては格好よいですが、歳をとって社会の役に立たなくなったときを考えると、生きる目的としては現実味がないようです。

というのも、働く意味は、その人のライフスタイルや、その人の置かれたライフステージ等々によって、一人ひとり違い、満足感も異なるからです。

ゆえに、一律に勤務時間など、勤務条件を規定し、その順守を強制する従来の雇用形態は、もう見直す時期にきているように思われます。

## 真のダイバーシティとは何か

### 多様な働き方を奨励する

ダイバーシティを標榜する企業は多くありますが、よく見てみると、「多種多様な価値観を持つ人材を採用する環境の整備（物理的環境、ポスト の用意、勤務時間の調整）」は行っていても、誰に対しても「働きやすさ（制度利用、受容性、一体感）」が保障されているかといえば、それはまた別問題のようです。

積極的に女性管理職を登用する方針を掲げていても、出産や育児で職場を離れざるをえない、あるいは、障害者が定期的な通院のために休暇を取ることには配慮があるが、有給休暇を取ることはあまり歓迎されていない、などといった具合です。

このような状況であれば、勤務継続は難しくなります。それは、思いきっていってしまえば、ダイバーシティの名のもとに誰もが使える制度を用意しておきながら、実際にその制度を行使することは許容されていないという、虚構のダイバーシティを掲げるにとどまっている日本企業の体質のせいだといえます。

ダイバーシティという形の仏を彫ったはいいものの、実際には魂が込められておらず、ご利益もなにもないといったようなもので、新しい制度の運用に後ろ向きな日本企業のマネジメント体質の現状を表しています。

発達障害者にも、ただ「場」を与えるだけでは不十分です。

個々の能力に応じた「働き方」が認められ、「仲間」として受け入れられて活躍が喜ばれる、協調性がやや欠ける傾向にあっても、成果が上がれば障害特性ゆえの「くせ」は問題にしないで賞賛するなど、多様な働き方を真に奨励する姿勢が、これからの企業の成長に寄与することは間違いありません。

# 第四章

# 発達障害者と共に働くときの大前提

# それぞれの立場からフォローをする

## お互い気持ちよい環境づくりは相互協力から

これまでたびたび、発達障害者の「定着」ということについてお話ししてきました。

定着とは、辞書的には「一定の所に落ち着くこと」をいいますが、就労支援の観点からいえば「職場にしっかりと根付くこと」「環境に馴染むこと」というニュアンスがあります。

今までお話ししたことに加えて、実際には、上司・同僚・採用担当者、それぞれの立場においてさまざまな局面があり、それぞれに適した具体的なフォローの仕方があります。

本章では、適切なフォローをするために、まず大前提として共有しておきたい意識についてお話しします。

次の第五章では、それぞれの局面ごとに、上司・同僚や採用担当者が心しておくべきこと、および具体的な方策について、項目別に説明していきたいと思います。

これだけの項目があると、一見大変そうに見えますが、実は対象者が発達障害者でなくとも、企業が新たな人材を受け入れる際には、普通に行うべきことです。

あらためて見直すことで、障害の有無に限らず、仕事をスムーズに進める手助けになるのではないでしょうか。

ぜひ、理解するだけではなく、実際にトライして、その効果のほどを体感してみてください。

## 良好な信頼関係の築き方

### 適切な距離感とは？

発達障害者の就労支援でもっとも大切なことは、「見守り」という距離感です。

発達障害がある人は、全般的に他人との距離感が近いといわれていますが、同じ発達障害でも子どもと大人では違いますし、ひとくちに発達障害といっても、その発達障害の方の特性はそれこそ千差万別で、一人ひとり異なります。

さらに、一人ひとりが一番安心・安全を感じ、リラックスして相手と向き合える距離も個々に違います。

しかし、その「絶妙な距離」を最初から把握するのは至難のわざなので、まずはある程度の距離を保ちながら「見守る」ことから始めましょう。

距離感が合わなければ、指示もアドバイスも通じません。

当事者にとって、快適な距離感がいつも保障されていることが、相手に対する信頼感につながるのです。

相手に対する安心感が芽生えるまでは、言葉は最低限で構いません。行動の裏側にあるトリガー（きっかけ）を見つけて、静かにピンポイントで、肯定的な「小さな言葉」を発しましょう。

急ぐのも禁物です。「改善」を急ぐよりも「受容」に徹することが、後々の「やる気」や「自信」を生むのです。

## 「見極め」の極意

### マッチングの精度を上げるために

信頼関係が築けてきたら、今度は「好き」や「得意」を見極めます。

発達障害は先天的な脳の機能障害なので、発達凸凹の凹を定型発達者レベルに揃えることは困難です。むしろ、凸凹の凸の部分を活かして働けるように、最適な仕事や環境を整えることが重要です。

そのためには、彼ら、彼女らの特性を的確に捉えることが必要となります。

見極めは意外と簡単です。しかし、仕事の切り出しや環境調整は、企業の事情もあるのでそう簡単には進みません。

将来、発達障害者の**「異能（定型発達者とは異なる才能）」**を活かすも殺すも、この「見極め」次第といっても間違いではありません。

最初は大きな括りで、徐々に「好き」や「得意」を絞っていきましょう。

次に、「好きでもないし、得意でもない」・「好きだけど、得意とはいえない」・「好きとはいえないが、得意である」・「好きだし、得意である」の四つの括りで観察していきます。

もちろん「好きだし、得意である」がよいのですが、なかなかそのような仕事は見つかりません。

ならば、会社としては「好きとはいえないが、得意である」が次善に思うのですが、当事者としては不満足なこともあります。

結論として、一番良いのは「好きだけど、得意とはいえない」ことを継続してやることで、「好きだし、得意である」になるようにすることです。

ただし、発達障害者のなかには過集中の傾向のある方もいて、休まないで働いた結果、いきなりエネルギー切れになる場合もあるので注意が必要です。

このように「見極め」をして「個人」と「仕事」のマッチングの精度を高めることが、「異能」の発揮を確実にするのです。

## コミュニケーションをあえてとおざけない

### 話や指示を伝わりやすくするために

発達障害がある方は、一般に、子どもの頃から、親以外の大人と話をする機会が極端に少ないため、言葉の理解やスムーズな会話をしにくい面があります。

その意味でも、コミュニケーションの機会をできる限り多く持ち、会話のスタイルに慣れさせる必要があると思います。

また、言葉にして話すことで、一人でいると、どうしても限られた視野や価値観のなかで判断してしまいがちな自分の「くせ」に気づくことができたりします。相手との言葉のキャッチボールを通して、必要な情報が得られることもあります。

したがって、発達障害者と共に働く人々は、「コミュニケーションが苦手な人だから、コミュニケーションの必要が少ない仕事をさせよう」というよりは、苦手なコミュニケーションにあえてチャレンジさせる機会を随時設けていきましょう。

それにより、その人なりのコミュニケーションのあり方を考え「いいたいことを伝える」「相手の話を聴く」が十分可能なレベルになるようにサポートすることが望まれます。

# 相手を理解するために大切なこと

## 「傾聴」する力

「傾聴」という言葉を耳にしたことがおありでしょうか？

傾聴とは、もともとカウンセリングにおけるコミュニケーション技能の一つなのですが、「聴」という字が示すとおり、単に「聞く」のではなく、「耳と目と心」を傾けて、深いレベルで注意深く話を「聴く」ことをいいます。

実は、コミュニケーションにおいては、「いかに話せるか」よりも「いかに聞けるか（傾聴できるか）」のほうが、効果も高く重要です。

傾聴に必要なこととして、「ページング（相手の話し方、姿勢、視線、心の状態「テンション」を合わせること）」や「反復（相手の言葉を繰り返すこと）」「要約・言い換え」といったことが挙げられます。どれもテクニックといえばテクニックですが、自分の考えを交えずに、相手の話の内容や考えを否定しないで虚心坦懐《きょしんたんかい》に聴くことは、けっしてやさしいものではありません。

しかし、難しいものでもありません。もっとも重要なことは、**相手のことを理解しようとする姿勢**です。

共に働く仲間として、「相手のことを理解しようとする姿勢」がなくては務まらないはずなので、そこが実践できれば、相手との信頼関係の構築が可能になって、適切なアドバイスや指導ができるのです。

## 雑談を活用する

### 趣味嗜好から波長を合わせる

発達障害、特にＡＳＤ（自閉スペクトラム症／自閉症スペクトラム障害）の人には、雑談が苦手な人が多いのですが、だからといって、会話が嫌いなわけではありません。

ＡＳＤの人は、人の話に興味が持てない傾向がありますが、自分の趣味嗜好に合った話題にならすぐ乗ってきます。こだわりがある分野のことは本当によく知っているので、波長が合えば楽しい会話ができます（話に夢中になり過ぎて、相手の話を遮《さえぎ》り、意見を押し付ける傾向があるのは困りものですが）。

普段、どちらかといえば表情の乏しい彼らが、別人のように生き生きとして話すなかには、かなり本音が含まれているので、関係構築には欠かせないポイントといえます。

雑談といえば、女性に特有なガールズトークというものがありますが、ガールズトークが苦手というＡＳＤの人の話もよく聞きます。

女性は一般に、他愛のないガールズトークによって人間関係を築いているところがあるようですが、その「他愛なさ」ゆえに話の内容に興味が持てない、会話の意味が見出せないので嫌になるといいます。

また、ＡＳＤの女性は、男性に比べて、おしゃべりのスキル（経験値）が低いという報告もあって、スルーする(聞いていないふりをして受け流す)ということが難しいようです。

それでも、好きな話なら、飽きず話し続けることも少なくなく、そこに就労（定着）支援につながるヒントが隠れている場合が往々にしてあります。

## 「自立」と「依存」の関係性

### 「相談に足る仲間だ」と認識してもらうために

私の敬愛するK准教授は、「自立とは、社会のなかに依存先を増やすこと」とおっしゃいました。

「依存」というと、どことなくだらしないとか、意志の弱いといったイメージがあり、自立とは相反したものに思われますが、実は誰もが日常的にやっていることです。依存イコール人間関係といってもよいかもしれません。

依存先が多いということは、**悩みや苦しみを相談する先の選択肢が多い**ということです。

ところが、発達障害の人の多くは、コミュニケーションが苦手であることや、相手に弱みを見せたくないことなどから、依存を敬遠する傾向があります。

発達障害の人にとって数少ない依存先（＝選択肢）のなかでも、職場の上司や同僚は、物理的にも精神的にも近くにいる存在です。

実際は、本来の自分の仕事、ミーティングや会議、事務仕事など、忙しい日常があって、なかなか時間を作るのが難しいことはあるのでしょうが、ぜひ、発達障害の社員と頻繁に話す機会を持ってほしいと思います。

当事者は、ためらいや恐れから、なかなか自発的に相談に出てくることがありません。しかし、現実的には、絶えず何かに悩んでいて、自分の思いに寄り添い、適切なアドバイスをくれる「信頼できる」相手を求めています。

長い面談時間をとる必要はありません。それよりも5分でも10分でもいいから、恒常的に相談できる態勢と雰囲気づくりを心がけましょう。

## 共感力を高める

### 思いを共有し、心に寄り添うために

人との信頼関係を築くうえで、思いを共有することはとても重要です。

しかし、実のところ、コミュニケーションの結果、どんなに相手の気持ちを感じとることができたとしても、相手の気持ちを「わかる」ことは不可能です。なぜなら、私たちは、相手と完全に同じ体験をしたことがないからです。

たとえば、発達障害があることで、職場で差別を受けている人が「辛いんです」と言ったときに、「その辛い気持ちわかります」というのは「共感」ではありません。

共感というのは、「辛いんですね……」というように、**相手の気持ちに寄り添い、確かめるように話を聴くこと**です。

そのうえで、当事者が、「この人だったら話を聞いてくれる」「この人にはなんでも話ができる」と感じ、聴き手もその瞬間に相手と融合したような感覚になって、「もしかしたら、本当は○○って思っているんじゃないの？」という言葉が自然と湧いてきて、互いに通じ合ってしまう……。

そんなことができるのは、一部の限られた人だと思うかもしれません。

しかし、実をいうと、「共感力」を磨くためのコミュニケーションを繰り返し練習することで、誰もができるようになることなのです。

定型発達者同士では普通にしている「思いを共有する」行為を、発達障害者に対してもできるようになれば、単なる上司や同僚、同じ会社の人間という立場に留まらず、多くの人をサポートできる存在になれて、良い関係のなかで仕事や日常生活を送れるに違いありません。

# 相手に受け入れられやすい「提案」をする

## 方向性を一致させる

やりたいことを実現するための方法は、けっして一本道ではありません。

まるで車のナビで目的地を検索したときのように、最短ルート、平坦なルート、景色が良いルート、サービスエリアでの休憩がとりやすいルート、などなど、多くのルートがあることでしょう。

そして、どの道を選ぶのか、最終的な意思決定は当事者に委ねられます。

このときに指導者担当者に求められることは、その人の特性や能力・価値観にあったルートをいち早く探し出し、「提案」することです。

しかしながら、提案は提案です。けっして押し付けてはいけません。かといって、手《た》綱《づな》を離して、すべて発達障害のある人に任せてしまうのも乱暴でしょう。

それぞれのルートのメリット・デメリットを丁寧に説明し、当事者がそのルートを選んだ場合に考えられるあらゆる想定を示して、できることなら、提案しようとする「お勧めルート」に方向性を一致させる努力は必要だと思います。

そして、万が一、別ルートを行くことになっても、途中でいつでも道を変更することが可能なこと、ゴールにたどり着く前に、別のゴールが見えることがあることも承知のうえで、たゆまぬ支援を続けることが重要です。

# 発達障害者の真の希望を知るために

## 「寄り添う」ことの大切さ

発達障害の人は、一般に、人と打ち解けるまで時間がかかる傾向にありますが、いったん信頼関係が生まれると長続きします。また、生来「嘘」がつけないので、真意を測るのはそれほど難しくはありません。

ここでいう「寄り添う」とは、発達障害者の希望を知るために、潜在意識に働きかけることをいいます。

共依存になってしまうほど関係性が濃厚になってしまうと解消が難しく、寄り添うというよりは、互いに支配関係になってしまう恐れがありますが、発達障害者と共に働く人々には、当事者の気持ちに寄り添う態度を持っていてほしいと思います。

# 第五章

## 上司としての接し方

# 上司に必要な心がけとは

## 基本マナーと職場のルールづくり

「ほうれんそう（報連相）」という言葉は、今やビジネスパーソンの常識ですが、報連相を受けて上司が指示を出すときに必要なマナーである「おひたし」をご存じでしょうか？

「お」…怒らない
「ひ」…否定しない
「た」…助ける
「し」…指示する

こんなことは当然理解している、と思われるかもしれませんが、あらためて意識してみてほしいのです。

私は、**マネジメントを司る者は、専門職であっても、ジェネラリストの素養がなければならない**と確信しています。その意味では、「おひたし」は、ジェネラリストに欠かすことができず、特にセンシティブな発達障害の人に接するときに、忘れてはならない態度です。

彼らの報連相を、懐を深くして受け止め、それぞれの特性にふさわしい指示を出すことは、個別の人間性を尊重し、「伸びしろ」を与えます。そして、このことが、上司への信頼感につながるのです。

さて、上司の方の立場から、発達障害の人と共に働くにあたっては、発達障害の人への対応と、チーム全体としての対応と、二つの視点から、普段の仕事に対する意識を見直す必要があります。

後者については、業務を円滑に行うためのルールを作ると考えてもよいでしょう。

この章では、それぞれどのような心がけをしていくべきかを説明します。

## 発達障害者を安心させる〝魔法のことば〟とは

### 「あなたを受け入れています」というメッセージ

発達障害者でなくとも、誰もが初めての職場・初めての仕事には不安なものです。共に働くうえでまず大切なのは、職場環境に安心感を与えることでしょう。「自分はここにいていいのだ」という〝肯定感〟を持ってもらうのです。

「あなたがいてくれてうれしい」これは魔法のことばです。

この言葉を聞くだけで不安が和らぎ、リラックスすることができます。また、この言葉を聞くだけで親近感が生まれ、相手との距離感が近づいて、仲間意識が芽生えます。

だからといって、連発すればいいというものではありません。口だけの心ない言葉は、後で露見したとき、修復不可能な状況をもたらします。

特に、発達障害の人は、子どもの頃から、コミュニケーションのスタイルが定型発達者と違う、あるいは、想像力が足りないために不用意な言動をしてしまって、「何をいっているのかわからない」「変な奴」「バカ」など、心ない仕打ちを受けて自分の殻にこもってしまい、人間関係を築くのが難しくなってしまったケースが多いのです。

それなのに、努力して、多くのハードルを乗り越えてきて、今があるのですから、むしろリスペクトの心を持って接しましょう。

ウェルカムな心を持って受け入れてくれる環境があれば、彼らの異能（人よりすぐれた独特の能力）は、きっと真価を発揮してくれるはずです。

# 発達障害者のモチベーションを上げるには

## 好みと特性に加え重要なこと

上司たるもの、部下のモチベーション維持も大事な務めです。

発達障害の人のキャリアカウンセリングをしていると、かなりの頻度で、「〝やりたい仕事〟と〝できる仕事〟のどちらを優先したらよいですか？」という質問を受けることから、どのようにして仕事へのモチベーションを保つべきか悩んでいる方は多いようです。

このことについて、少し筆者の考えを述べてみたいと思います。

発達障害の人が取り組んでいる業務に関しては、おおむね次の4パターンに仕分けされるケースが多く見受けられます。

・「好き」でもなく「やりたい」わけでもない仕事

問題外ですが、実は、会社からあてがわれた仕事を嫌々やっている当事者は少なくありません。

・「好き」だけど「得意」ではない仕事

こういう仕事をさせてもらえるとしても、裏を返してみれば、会社が当事者の仕事の成果に対して、はなから期待していないということの表れなので、長い目で見るとモチベーションの維持は難しいでしょう。

また、会社としても、アウトプットがほとんどない当事者に対して不満が募ってくることが考えられます。

・「好き」ではないけど「できる」仕事

当事者が「仕事」と割り切って我慢できるのなら、会社としては「生産性」も上がるし、こんな良いことはありません。しかし、「できる」からといって、仕事量を増やすなどの過剰な負荷をかければ、すぐに潰れる危険性もあります。
それでも、「できる」仕事を続けてやっているうちに、その仕事が会社や顧客、ひいては社会に「役に立つ」という実感を得て、「好き」に変わったケースも往々にあります。この場合には、最適なマッチングに近い効果が生じます。

### ・「好き」で「できる」仕事

これならパーフェクトだろうと思うかもしれませんが、仕事といってもすべてが単工程で成立するようなものならよいのですが、多くの仕事は多工程をクリアした果てにゴールにたどり着くものなので、どこかの工程で当事者の発達凸凹が凹に変わってしまうと、そこで仕事がストップしてしまう可能性もあります。

したがって、一番良いのは、〝**やりたくて、できて、人に感謝される（人の役に立つ）仕事**〟を切り出すことなのですが、なかでも意外と重要なのは、〝人に感謝される（人の役に立つ）〟という部分です。

発達障害の人は自己評価が低い人が多く、実際にできている仕事でも「たいしたことはない」と思いがちです。ときには、褒められると疑心暗鬼になってしまう場合すらあります。

そこで、「感謝」を伝えるためには、「実証」を具体的に示す必要があります。

「感謝」の内容が明確になると、やった仕事に対する自己効力感が湧き、ロイヤリティが増して、定着につながるからです。

すなわち、「人に感謝される（人の役に立っている）」という実感を持つことで、その仕事が「好き」になります。

「好き」だから頑張ることにより「得意」となってアウトプットが増え、再び正当な評価を受けることで、さらに頑張るという正のスパイラルが生まれ、当事者の成長に結びつくのです。

働くモチベーションは、職場定着に何よりも大事な要素だと思います。

## モチベーションの理想形

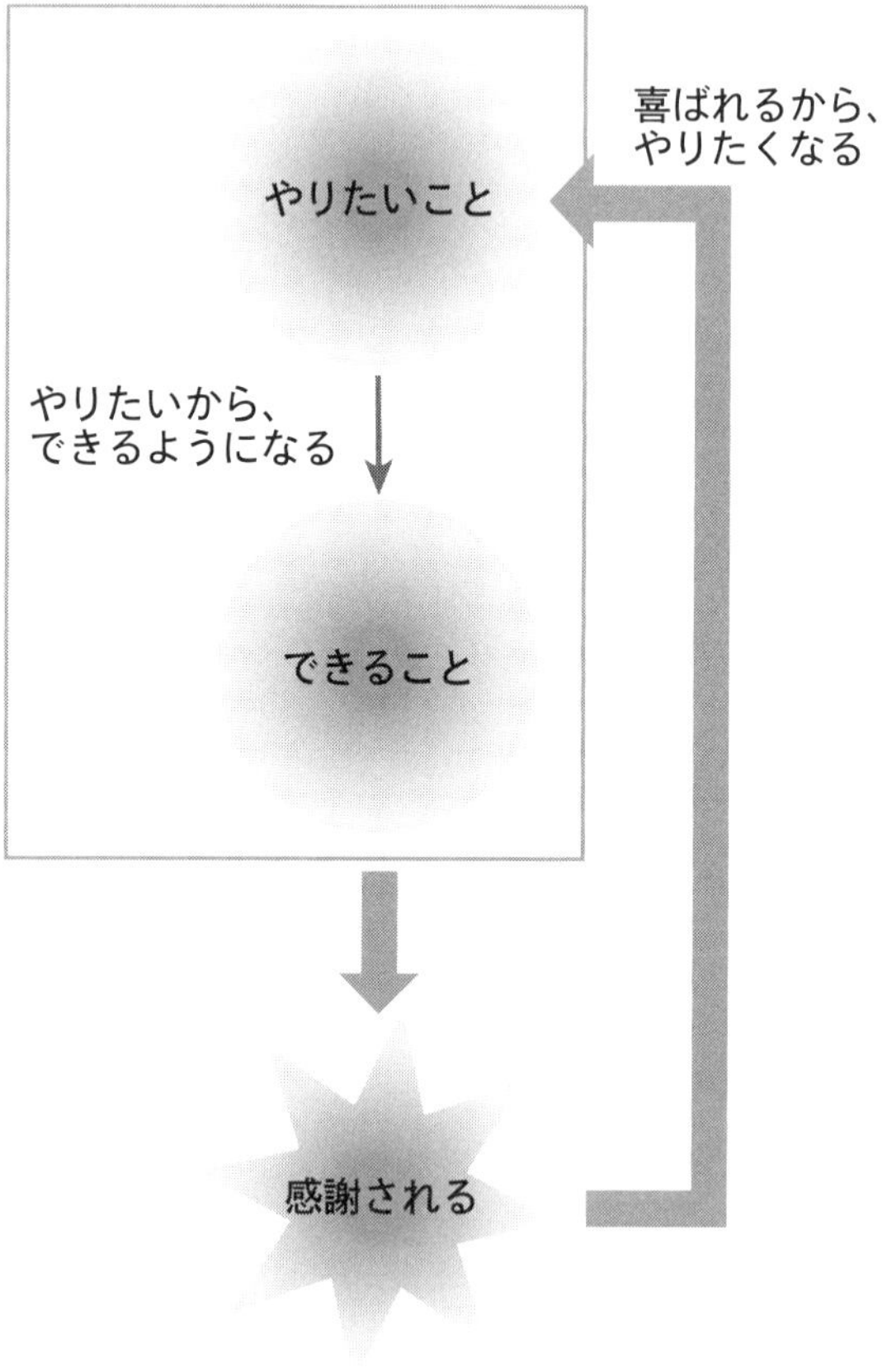

## 発達障害者の適性を見つけるには

### まずは「できる」を増やすことから

発達障害の人のなかには、見た目には発達凸凹が小さく、「できる」が少ない人がいます。そういう人に限って、自らの能力を限定的に捉え、悲観的に考える人が多いようです。

ですが、できるはずの仕事でも、場所が変わり、人が変われば、やり方も異なります。まして、初めての仕事であれば、「できる」と思ったのは、思い込みや幻想に近い場合すらあります。現実にやってみなければわからないことはたくさんあるのです。

そうかと思えば、適性がないと思っていたことでも、試しにやってみたら、できることがわかって興味が湧き、好きになって勉強し、さらにできるようになって持続する、という好循環が生まれることもあります。

これを会社側の視点で見れば、切り出した仕事を試しにやらせてみて、随時適性を見て微調整や仕事の変更をしながら、仕事を確定する方法があるということです。

すなわち、初めての発達障害者雇用は、新卒者採用と大して変わらないということです。あまり馴染みのない発達障害だからといって、必要以上に構えてしまわず、「トライ&エラーを繰り返しながら育成する」といった社員教育の要諦を押さえて「できるを増やす」ことが、何よりも望まれることです。

## できる分野を広げる「伸びしろ」とは

そもそも、得意・不得意は人によってさまざまですし、「できる」分野では定型発達者を凌駕する人も、「できない」分野では、凹の底がほかの当事者のはるか下ということもあります。

いい換えれば、発達障害といっても軽度から重度まで度合いは人それぞれで、かつほかの障害も併せ持っていたりするので、まったく同じ人は一人もいないはずなのです。

発達障害は治る・治らないという障害ではありません。○○という特性、△△の傾向がある、という捉え方で考えるものです。その特性や傾向は、社会に適応する対処法を身につけたり、適切な環境で過ごしたりすることで和らぐことがあります。

このように、私は、もともと顕在化していた特性や傾向を、必要に応じてプラスの方向にコントロールできる範囲を「伸びしろ」と呼び、一般的な、顕在化可能な潜在能力の範囲という意味とは別に使っています。

すなわち、「伸びしろを伸ばす」ことは、この「伸びしろ」の範囲を最大限に引き出すために、上司や周りにいる人が試行錯誤して取り組んだ結果の産物なのです。

# 発達障害者のハードスキルを伸ばすには

## 実践を繰り返し、フォローする

ハードスキルとは〝仕事そのものの能力〟、いい換えれば〝勉強や仕事を通じて身につけることができる知識〟のことです。

自分が携わっている業務を遂行するため体系的知識や実務能力が備わっているか、ということは、成果物の出来に直結することなので、本人にとっても、会社にとっても非常に大切なことですが、発達障害がある人は、ハードスキル面ではあまり問題になることがなく、あってもトレーニングで解決できることが多いようです。

したがって、仕事の正確さ・スピードなど、実践を通じて慣れていく、というやり方が現実的、かつ十分有効な方法だと思われます。

会社としては、発達障害の特性に合わせた仕事場、支援機器の利用、コミュニケーション手段など、構造化（明確化・見える化・マニュアル化など）の合理的配慮に努めて、当事者のフォローをしていく姿勢が求められます。

## シングルタスクを積み重ねる

発達障害の人は向上心が強いので、仕事に慣れてきたら、高スキル化・戦力化を図るため、徐々に働くステージを上げていく育成が望まれます。

しかし、マルチタスクが苦手な発達障害者に、仕事の種類を増やすのは逆効果です。彼らの多くは、プレイングマネージャー、あるいはジェネラリストの仕事は向かないので、それまでの仕事を上書きした専門性のある仕事を割り当てると、結果にコミットしやすくなります。

業務の再アサイン（割り振り）と考えると難しそうですが、簡単にいってしまうと「できることのなかから、得意なことを見極め、その仕事をとことんできる環境を保障する」

というだけのことです。

また、仕事はいっぺんに与えず、一つが終わったら次の仕事、それが終わったらその次と順番にやってもらうようにすると、マルチタスクになっていた業務がシングルタスクになるのでやりやすい仕事になります。

このように、ハードスキルにあまり問題がない発達障害の人が、ソフトスキルの不足を感じないで仕事ができることは、会社全体のパフォーマンス向上にもつながるのです。

## 発達障害者にソフトスキルを身につけさせるには



### 会社全体での支援体制を整える

ソフトスキルとは、仕事以外の能力、対人関係や日常生活能力、たとえば「休憩時間の過ごし方」のような職場適応能力のことを言います。

発達障害がある人にとって、対人関係スキルの向上は難易度が高く、SST（ソーシャル・スキル・トレーニング）などのような公的な機関で受けられるトレーニングをしても、なかなかすぐには身につきにくいもののようです。

しかし、ソフトスキルが身につかないと、職場で浮いてしまい、パワハラを受けたり、人の輪に入れない疎外感から、仕事に対するモチベーションが失われてしまうことが多いことから、会社としては、十二分に気をつけなければなりません。

ソフトスキルを手っ取り早く身につける方法はありません。経験から学ばなければならないからです。

その意味では、会社としては「支援を焦らないこと（試行錯誤の機会を与えること）」「悩みを共有できる相談体制を整えること」、そして「すべての社員に対して、オープンで温かい職場づくりに心がけること」が望まれます。

これについては、第六章、第七章も参考に、チームのメンバーや、同じフロアで働く人々、人事・総務部門にも協力を仰いでいくとよいでしょう。

# 発達障害の人を褒めるときのポイント

## 四つのポイントを押さえて効果的に褒める

発達障害の人は、感情表現があまり上手ではありません。

特にＡＳＤ（自閉スペクトラム症）の人は、人の感情を見る経験が不足していることが多いうえに、相手の顔が覚えられない・喜怒哀楽の変化がつかめない、かつ自分自身の感情がわからない・表情を作る筋肉をうまく動かせないなどの特性から、不機嫌に見えたり、目つきが悪いといわれたりしがちです。

しかし、人は誰もが「認められたい・愛されたい・褒められたい」と思っています。これは、人間の本能です。発達障害者とて例外ではありません。

さりとて、失敗体験（怒られる・けなされる・バカにされる）が多い彼らは自己肯定感が低く、褒められることに対する猜疑心も強いので、褒め方には注意が必要です。

発達障害者を褒める四つのポイント
- その場で褒める
- 褒める理由を明確にいう
- 頑張りを評価する
- 心からの思いをメッセージで伝える

この四つは基本中の基本です。
また、もし褒めて、喜ばなかったとしても、機会を見つけて、とにかく褒めることに心がけましょう。そこから、仕事へのモチベーションが育つことは間違いありません。

# チーム全体の体制を整えるには

## チームメンバーの意思統一を図る

発達障害者本人への対応の仕方を理解したら、次はチーム全体の対応の仕方を学んでいきましょう。ここから先は、円滑に業務を行うためのルールと考えても構いません。

初めて障害者雇用を雇用に取り組もうとする企業に往々にして見受けられるのが「総論賛成、各論反対」という配属部門の態度です。

「総論賛成、各論反対」というのは、「ダイバーシティ（多様化）の推進が望まれる現代企業にとって、会社が障害者雇用に積極的に取り組むのは良いことだ」という、会社全体の経営方針には賛成だが、「よくわからない人（障害者）と一緒に働くのは気が進まないから、障害者の配属先はよその部署にしてほしい」という、現場では反対という態度です。

反対には、絶対反対（拒否）と、不安だから嫌という反対の二種類がありますが、「総論賛成」の場合は、後者がほとんどです。

不安を払拭《ふっしょく》するには、不安の根拠を探り、その気持ちを受容したうえで、不安の根拠が不確かなこと、過剰反応であることを伝えて、納得していただく必要があります。

人の心をプラスの方向に向けるために発信するのは、なかなか大変ですが、この部分が腹落ちしていないのに、無理やり押し付けたりすると、後々トラブルの種になります。当事者に辛い思いをさせることにもつながりかねません。

事前に経営側と人事、障害者雇用担当者、現場を巻き込んでプロジェクトチームを作り、障害者雇用の進捗状況に合わせて定期的に会議を開いて、企業としての意思統一を図っておくことが望まれます。

## メンバーのサポートは最低限と理解させる

発達障害者のサポートには、知的障害者に対するような、密着型の手厚いフォローは必要ありません。大雑把《おおざっぱ》にいえば、ソフトスキルを補うための構造化（見える化、マニュアル化）ができ、困ったときに相談する相手さえいれば、ことは足りるといってもいい具合です。

それが難しくなってしまう背景には、障害を難しく考え過ぎるところにあるのではないかと思います。

彼らの特性は、障害というより、マジョリティ（多数派＝定型発達者・健常者）との世界観の違い、生きるスタイルの違いといったところにあるので、その違いを尊重できれば、後は最小限のサポートで共生可能なのです。

# コミュニケーションを円滑に行うには

## フォーマル／インフォーマルな対話を常態化させる

会議以外にも、フォーマル／インフォーマルに、さまざまな対話の機会を持ち、インフォームドコンセント（説明と同意）を形成しておくことが重要です。

対立ではなく、どうしても譲れない線と、状況によっては、弾力的な対応も可能な部分を確認し、落としどころを見つけるためには、会話ではなく対話が必要となります。

会話とは、「井戸端会議」のような日常のおしゃべりのことで、話し手と受け手の双方に特に信頼関係がなくても成り立つものです。一方、対話とは、お互いを理解するために、本音と本音の話し合いをすることで、信頼関係を築くための大切なコミュニケーションを指します。

元外交官の北川達夫さん・劇作家の平田オリザさんが、著書『ニッポンには対話がない』（三省堂）などで指摘するように、日本、特に企業社会では、「価値観を意図的に衝突させ、それによってお互いに変わっていく作業」を省略し、上位者や経験者が価値観を押し付ける傾向があるので、対話が育ちにくい風潮があります。

障害者雇用においても、トップの決断と上意下達《じょういかたつ》による同調圧力が、雇用の推進力となる部分があることは否めません。

「腹落ち」しない命令に唯々諾々《いいだくだく》として従う現場では、当事者に対するパワハラやモラハラが起きやすく、特に顕在化しなくても、こうした部分に敏感な発達障害者にはストレスフルで、定着を困難にするケースが多く見られます。

職場全体で、障害者雇用に対するポジティブな思考を共有するために、フォーマル／インフォーマルにミーティングの機会を増やし、対話を常態化しておきましょう。このようにして、前もってインフォームドコンセントを得ておくことは、障害者の職場定着に欠かせないことの一つといえましょう。

## パフォーマンスを上げるルールの作り方

### ルールは最低限にとどめる

発達障害のある人は、複雑なルール理解が苦手です。特に、定型発達者同士のコミュニケーションで顕著な「暗黙のルール」には、想像力の限界があって、発達障害のある人にはなかなかついていけないようです。

また、マイルールのこだわりに過度に固執する傾向があり、ほかのルールが二の次になってしまう傾向があります。

それならばどうしたらよいのでしょうか。もっとも手っ取り早い解決法は、コミュニケーションや仕事のルールを最低限にとどめることです。

ルールを守ることは大切ですが、それが過度になると、柔軟に対応することができなくなり、パニックを起こす場合もあります。ここは潔く最低限のルールにして、そこさえ守れば自由に振る舞ってもよい、というようにします。

たとえば、発達障害の人は、業務時間外に行われる社内行事に参加しなければならない意味が理解できず、また、そのような付き合いが苦手なので、「所定時間外に行われる社内行事への参加を任意とする」としたところ、その後の出勤率が上がった実例がありました。

ただし、この場合でも、「行事への参加は職務の円滑な人間関係を形成する大切な機会である」ということをあらかじめきちんと説明し、実施したことはいうまでもありません。

今の例のように、仲間として認めるが、同調圧力はかけない（たとえば、休憩時間などオフの時間は自由に過ごしてよいと伝える）など、ただでさえ苦手な人間関係を重荷に感じないように配慮することで、パフォーマンスが向上したという報告は数多く寄せられています。

このように、最低限の簡易なルールを設けることは、発達障害者に恣意的行動を許すということではなく、障害特性を活かすうえで、きわめて有効な方法といえましょう。

## 与えられた仕事がうまくできないときの対処法

### 即座にミーティングを行う

通常、発達障害の人が新たに入社する場合は、長所を十分に発揮することができるように、雇用管理者や指導担当者が支援者と事前に打ち合わせの機会を持ち、任せる仕事を決定し、サポート体制や配慮すべきことを把握しておくことは必須です。発達障害の人が自己の特性を活かし、安心感を持って継続的に働くためには欠かせません。

ですが、人事などの雇用管理担当者は、社内の業務すべてに精通しているわけではないことも事実です。

また、職場の上司や同僚は、発達障害の人と一緒に働いた経験が乏しく、発達障害への理解が十分でないことから、配属後に思ったほどうまくいかなかったり、再度修正を迫られたときに、勝手に現場合わせしてしまって、かえって本人のやる気をそいでしまうこともあります。

たとえば、筆者が知るケースでは、ファッションに興味があるというので、商品部で企画を担当させたところ、仲間と意見が合わずトラブルになりかけたので、商品部で勝手に販売促進の仕事に替えたら、取引先を怒らせてしまったことがありました。

実際に仕事を始めると、思ったほどうまくいかなかったり、再度、修正をせまられるケースも少なくありません。

そこで、このようにうまくいかないときには、そのタイミングで作戦会議にも似た**アイデアミーティング**を随時開いて、社内外の多角的な知見を集め、早い段階で調整を図るとよいでしょう。ときには、ちょっとしたポイントを押さえるだけで、マッチングが急に整う場合もあります。

現実には、メンバーそれぞれが自分の仕事をしていると、なかなかタイミングよく集まることができないことが多いと思いますが、必ずしも固定のメンバーである必要はありません。

雇用管理担当者や指導担当者にはなるべく参加してもらいたいところですが、後から、ミーティングで出たアイデアや総意を伝え、アクションの段階で中心的な役割を果たしてもらうのでも構わないと思います。

それから、ここは一番重要なところなのですが、アイデアは誰が出しても構いませんが、**最終的な意思決定は当事者にしてもらう**ことが原則です。アイデアが採用されると、提案したメンバーの励みになります。

会議という、どことなく構えたものではなく、障害者支援グループの軽い打ち合わせのつもりでやってみましょう。

## 発達障害者の「回避行動」を避けるには

困りごとが生じた場合に、自ら試行錯誤して、積極的に乗り越えようというタイプの人もいれば、パニックに近い状態になってしまう人や、打ちのめされて、問題から回避しようとするタイプの人もいます。

発達障害の人は、社会的にマイノリティ（少数派）であることから、マジョリティ（多数派）からの理解が得られずに虐《しいた》げられてきた過去を持つ人が多いため、どちらかといえば、後者のように後ろ向きになってしまうタイプの人が多いようです。

そうしたときには、彼らの感情を和らげ、考え方をリフレーミングする（ものごとの枠組みを変え、違う枠組みで見ること）など、前向きな意思への転換をサポートしましょう。自ら行動して、課題を達成する自信（自己効力感）を取り戻させるためには、周囲の人の丁寧なフォローが必要です。

そのほか、チーム全体をうまくまわすための方法として、メンバーには第六章で説明するような接し方も心がけるように留意してもらいましょう。繰り返しになりますが、発達障害者と共に働き、彼らの能力を活かすうえでは、大勢の人の協力が不可欠です。

# メンバーの多様性を活かすには

## 〝役割〟を自覚させ、次のステップへ

人間は千差万別です。同じ人は二人としていません。職場とて同じです。発達の定型・非定型を問わずいろいろな人が働いているのが会社というところです。

それゆえに、多様性を受け入れることが、お互いの信頼関係の向上に影響し、ひいては会社の業績にもつながるということを、障害者社員にも知ってもらうことが大切です。

違いがあるからこそ、話し合いが必要で、真意が通じれば、違いの分だけ可能性が広がることに気づくはずです。そうして、それぞれが「自分の役割」を自覚して、役割の達成に努力する。仕事を通して生まれる個々の満足感が真のダイバーシティへ、そしてソーシャルインクルージョンに発展する社会の素晴らしさを共有したいものです。

# 第六章

# 同僚としての接し方

## まず「声かけ」で円滑な空気を作る

### 基本的にこちらからきっかけを作っておく

これまで発達障害の人と接したことがない、同じチームだからといってどうしたらいいのかわからない……。

発達障害の人と働く「同僚」の立場の方の正直な声としては、こんなところかと思います。ゆえに、あまり進んでコミュニケーションをとれないという人も少なくはないでしょう。

ですが、どうコミュニケーションをとっていいかわからないという点に関しては、当の発達障害の人々も同じ課題を抱えています。お互いに同じ課題を抱えている状況が、足かせとなっている状況です。それを解決するのが**「声かけ」**です。

声かけの内容としては、挨拶や、ちょっとした確認、雑談など、些細なことで構いません。

「用もないのに声かけをするのはいかがなものか」とか、「煩わしく思われてしまうのではないか？」などという思い込みから、あまり他者への声かけをしない職場を見かけることがあります。

基本的に、発達障害者から声かけをするのは、心理的ハードルが高いので、なるべく周りの人たちから声をかけましょう。

さほど多くないコミュニケーションのきっかけを作ることで、彼らのためらいを外し、同時に見守っていることを教える効果があります。

仲間として受け入れられている意識が芽生えれば、当事者側から、困りごとの相談などのコミュニケーションの機会を求めてくるようになるので、ロイヤリティが生まれ、職場の空気の円滑化や、発達障害者の職場定着につながります。

簡単なことですが、声かけはとても大切なことなのです。

## 気持ちよくコミュニケーションをとるためには

### 「何かあれば聞くだろう」という気持ちは捨てる

発達障害の人は、聞きたいことがあったとしても、自分からアクションを起こせる人は、あまり多いとはいえません。しかも「こだわり」のある人が多いので、頭のなかでは、その疑問が渦巻いたままです。

上司や同僚の方は「いつでも聞いて」といって放置するのではなく、こうした疑問を解消するために、適宜に仕事をチェックするなど、振り返りの時間を持つとよいでしょう。

そのタイミングではまだまだ不十分と感じる事項であっても、ＮＧを一方的に出すのではなく、ＯＫを出して自信を持たせ、自己肯定感を高めます。同時に、改善すべきことを伝えると理解が深まります。確認の頻度や時間は、本人と話し合って決めるとよいでしょう。

自己肯定感がアップすれば、勤労意欲が高まり、周りの見る目が変わって、職場の雰囲気が良くなれば、当然、職場定着が促進されることになります。

障害者だからといって特別扱いせずに、お互いがいいたいことをいえる環境があることが、仕事上の満足につながります。

## 「わからない」といえる空気を作る

発達障害の人は、他人に依存するのが苦手です。

指示を受けて、違和感を感じても、なかなかその正体がつかめないために、「わからない」という自信がなく、「もやもや」や「イライラ」が溜まってしまいます。結果、仕事が遅れたり、指示と違った仕事をしてしまったりすることも多いようです。

一緒に働くチームメンバーとしては、発達障害者が「理解できていない」可能性を考えると共に、彼らの「感情の揺らぎ」に早めに気づいて、上司や同僚に遠慮なく打ち明けられる環境づくりに心がけたいものです。

# 同僚に必要な「話を聴く」スキルとは

## 「対話」を有効活用する

社内で働く障害者と対話の機会を持つ企業はそれなりにありますが、叱責や課題を一方的に伝えられるだけの面談（評価面接）は、相手を委縮させるだけで、はっきりいって、あまり意味はありません。

対話の機会はむしろ、励ましや動機づけの機会として持つことに意味があり、それが当事者のパフォーマンス向上につながることが多いものです。

同僚として、発達障害の人と対話やミーティングを行う際は、堅苦しくて時間の長い面談よりは、ショートミーティングや雑談的に行われる対話のほうが有効です。

会話でなくて、対話といったのには意味があります。話を「聞く」ではなく「聴く」

としたように、面談の目的は、相手に「いいたいことをいってもらう」「本音を引き出す」ことにあるからです。

そうでなくても、発達障害の人は、コミュニケーションのスタイルがマジョリティ（多数派）である定型発達者と違い、彼らもそのことを意識しているため、「この人は自分の話をわかってくれる」・「この人は信頼できる」と思わなければ、なかなか本当に思っていることをいってくれません。しかし、内心では、自分のことをわかってくれる人を求めているので、そこを汲み取ってあげることが必要なのです。

こだわりの強い人が多いので、近くにいる同僚が特にそのこだわりの部分、趣味や関心事について、世間話風に「付き合う」のが、彼らの心の窓を開く第一歩です。

いったん関係性が構築できれば、発達障害者ほど付き合っていて面白い（楽しい）人たちはいません。もし、相手もそう思ってくれたら、大成功。

退職理由の一番が人間関係なのですから、逆にいえば、人間関係が良好なら定着するということなのです。一緒に働く人たちはぜひ、発達障害の人と話を聴くスキルを身につけましょう。

# 発達障害者の強みを活かすには

## 戦力化するためのマッチング

発達障害の人は、やったことがない仕事に対して、なかなか積極的になれなかったり、馴染みにくい傾向がありますが、理解力が高いため、マニュアルがあったり、いったんパターンを覚えてしまうと、「できる」ようになります。

しかしながら、それは必ずしも良いマッチングであるとは限りません。チームメンバーは、常にマッチングを強化する視点を持って接することが大切です。

発達凸凹の凸の部分、その人の「強み（＝得意分野・異能）」を活かせるマッチングができれば、思いもよらないような成果が出ることがあり、単なる「障害者雇用」に留まらない、真のダイバーシティを実現することができます。これがいわゆる「戦力化」です。

「障害者雇用は管理コストがかかるだけでメリットがない」といわれる方もいますが、そのような状況が生じる背景には、決まって「仕事のアンマッチング」があります。

特に発達障害者には、「できるを増やし」「できないをやらせない」ことを徹底することに加えて、その「できる」のなかから、「異能」を発揮することが可能なマッチングの良い仕事を、なるべく発見することが「戦力化」の肝だと思います。

人材マネジメントは、本来職場の長（上司）の仕事です。しかし彼らは常に発達障害がある社員のそばにいるわけではありません。当事者の一番近くにいて、彼らの得意・不得意を知り、入社時にははっきり見えていなかった才能に気づくのは、職場の同僚です。

同僚の方々は、毎日一緒に働いていて「気づき」があったら、そのつど上司に相談し、指示を仰ぎましょう。

## 仕事をスムーズにしてもらうには

### 「ペース」を極力崩さずに見守る

発達障害の人は「こだわり」が強く、自分のやり方に固《こ》執《しゅう》する人が多いので、彼らの指導にあたっては、細かい指示や手を出す、急《せ》かすということは避けましょう。

極端なことをいえば、仕事の指示をして、始める前に合意をとれば、あとのやり方は本人に任せるぐらいでちょうどいいと思います。そうすると、土壇場になればけっこう辻褄合わせがうまい彼らのこと、案外何とかなってしまうものです。

次のようなやり方で彼らの自発性を最大限に活かすことが、発達障害の人が持つ「異能」を最大限に活かすベースとなります。

**指示をする……**期限を伝える、出来上がりのかたちを明示する
（タスクが複数ある場合はいっぺんにではなく一つずつ）
⬇
**報告を待つ……**常に様子は見るが、口出しはしない
（細かいことについては、聞かれたら答える）
⬇
**リマインドをする……**期限の前日の朝などに「明日が〆切」と伝える
（仕事量が多いときには、処理スピードを考え、タイミングを計って伝える）

しかし、放っておいてよいということではありません。彼らの居心地の良い距離感を見極め、じっくり見守ることが、彼らの心理面での負担を軽減し、モチベーションアップにもつながるのです。

仕事の途中での急な変更や追加は、たとえ「わかりました」という返事があったとしても、内心パニックになっていることが多いので注意が必要です。

## ときには柔軟な判断を

### 必要に応じて提案をする

発達障害の人と働くなかで、ときには「もっとこうしたほうがいいのではないか」「この人はこの仕事が合っているのではないか」と、同僚として一緒に仕事をしているからこそ気づくことがあるかと思います。

やり方やルールを変えてみることで、うまくいくのではないかと思うようなことがあれば、「私が口を出す立場ではないし」「そういうのは上司がきっと見ているだろうから」と遠慮せずに、思いきって提案をしてみましょう。

上司やその上に指導・管理する立場の人がいたとしても、その人たちにも仕事は多くありますから、すべてを見きれているわけではない場合もあります。

特に、第五章で述べた「発達障害の人を褒めるときのポイント」や、「コミュニケーションを円滑に行うには」から「与えられた仕事がうまくできないときの対処法」の項目に関しては、上司だけでなく同僚の方の立場から行っても、有効な手段であるといえます。

ルール作りやミーティングの実施などは、自分だけではなく上司を巻き込む必要性も出てくる可能性があるため、みずからいい出すのは腰が引けるかもしれませんが、結果、仕事がうまくまわるようになれば、それは発達障害の人を助けるだけでなく、自分のためにもなるのです。

# 第七章

# 人事・総務（採用担当者）としての接し方

# 採用のマッチング率を高めるためには

## 関係者を巻き込み事前会議を行う

発達障害者を雇用しようとすると、人事などの採用担当者（雇用管理担当者）は必ずといってよいほど、業務の切り出しに頭を悩ますことになることになります。発達障害の人は「できる／できない」＝発達凸凹が人によって違うので、当事者が力を発揮できる職場や業務を切り出すのは、けっして楽な仕事ではないからです。

しかし、障害者雇用は会社全体で取り組む課題です。担当者だけに負担がかかるのは、本来おかしいことです。

そこで、お勧めしたいのが、事前の作戦会議で業務のマッチング率を高めることです。雇用管理担当者、本人、現場担当者、支援者（支援機関）、職場サポーター（後述）など次の2点を目的としたディスカッションを行います。

①当事者が力を発揮できるためのアイデアを集約する。
②発達障害者に関する知見の偏りをなくす。

このように、各部署から、バランスよくアイデアを収集することで、実際に発達障害者が働くための準備の精度が上がり、マッチング率が高まります。

作戦会議に参加する人たちの立場はフラットでなければなりません。そうでないと、自由なディスカッションができないからです。その意味では、役職者の参加は控えるか限定的にしたほうがよいでしょう。

## 適切な担当者を配置するために

### 立場や性質も含め選定を

企業の障害者雇用にとって、担当者の選任はとても重要です。極端なことをいえば、担当者次第で成否が決定するといっても、過言ではないと思います。

担当者には、企業の障害者雇用の窓口ともいえる、多くは人事総務のスタッフたる「担当者」がいます。

通常はこの担当者が、現場から上がってきた「業務の切り出し」の取りまとめをしたり、実習の日程を調整したり、当事者の相談にのったり、全体的な指導をしたりします（便宜的に「雇用管理担当者」と呼ぶことにします）。

また、障害者が実際に働く現場（配属先）には、日々の業務指導にあたる「現場指導担当者」がいて、業務遂行のための具体的なフォローをするのが一般的です。

どちらも重要な役目なのですが、全社的な障害者雇用を進める意味では、特に雇用管理担当者の存在が大きく、就労から定着を通じてのキーパーソンといえます。

担当者には、次のような人がふさわしいでしょう。

①いつも社内にいる人
②社内の業務全般に通じている人（専門知識はそれほどなくてもよい）
③障害者雇用にモチベーションがある人
④当たりのソフトなジェネラリスト

②、③は当然だとして、①は、障害者の困りごとに即座に対応できる。④は当事者だけでなく、社内のほかのどの部署ともコミュニケーションがとれて、かつアサーティブな関係構築ができる。つまりは感じが良いという人が適格だと思います。

まずは、そのような「担当者」を任命し、配置したいものです。

## 各メンバーの負担を減らすには

### 職場サポーターを適切に配置する

障害者の採用にあたって、担当者を選任することは、ほとんどの企業で行われていますが、その多くは人事・総務の社員のなかから、比較的障害者福祉に明るく、親和性がありそうな人が選ばれることが多いようです。

この担当者がイニシアティブをとって、障害者が担当する業務を切り出し、実際の日々のサポートは、受け入れ部署の現場担当者がフォローするというケースも少なくありません。

そのような場合、担当者に問われるのは、障害者が担当する業務を的確に理解する力、受け入れ部署との連携力、社内への発信力・影響力です。

よく「福祉や障害者のことに精通していなければ務まらないのではないか」という質問がありますが、そんなことはありません。

むしろ必要なのは、部下指導や人材育成のスキルです。ならば、企業人なら、誰にでも求められるスキルでしょう。それにプラスしていうのならば、感情のコントロールができることでしょうか。

有能な担当者の多くは、障害者の訴えや現状に振り回されることなく、背景や真の原因を客観的に考えることができます。

しかし、どんな優秀な担当者であったとしても、障害者雇用を一人で進めることは不可能です。重要な仕事であるがゆえに、責任の重さと日々発生する問題に忙殺されて、大きなストレスを抱えてしまうケースもしばしば見受けられます。

そこで、お勧めしたいのは、雇用管理担当者や現場担当者とは別に、障害者の働く気持ちを応援する「職場サポーター」を社内で募集・配置し、本人が孤立しないで相談しやすい環境を整えることです。

特に発達障害の人は、何か相談したいことや、いいたいことがあっても、なかなか自分から切り出すことができない傾向が強いので、こうした「聴いてくれる」姿勢のある環境の下で働けることが、職場への愛着となり、職場定着を促進することにもつながります。

ただし、あまり船頭ばかり多くなっても混乱してしまいます。

業務に関する相談は現場担当者、仕事全体に関する相談は雇用管理担当者、職場サポーターは、必要に応じて発動する「見守り部隊」という棲み分けを明確にしておくとよいでしょう。

## 発達障害者と自社のマッチング度を見極めるポイント

### 空気感の合う職場とは

非常に不明瞭な話で恐縮ですが、発達障害の人が職場選びをする際に、**空気感の合う職場を発見すること**が定着のポイントになります。

というのは、発達障害者の特性を良く理解することが、彼らの職場定着を促進するうえでの最重要ポイントの一つであることは間違いないのですが、脳機能の偏りが原因だといわれる発達障害者にとって、機能的少数派である仲間の存在が居場所の快適さを左右することがあるからです。

実際、コミュニケーション障害が特性の一つといわれる彼らが、同質の仲間との交流においては、コミュニケーションに支障をきたすことはほとんどありません。つまり、同じ世界観を持つ環境のなかでは、共通した感性が活かされるので、自由度が上がり、同化しやすいのだと思われます。

そこで、雇用管理担当者は、仕事面だけではなく、環境面において、その発達障害者社員の空気感に合う職場にする手伝いを心がけましょう。

特に大切なのが心理的安全性です。「権威勾配《けんいこうばい》」という、元々は飛行機のコクピットのなかでの機長と副操縦士の関係を表す言葉がありますが、この権威勾配の緩い、簡単にいえば、相互のリスペクトがありながら、議論がきちんと行われる職場であることが、心理的安全性につながりやすいといえます。

しかし、心理的安全性の度合いはその社員によって異なります。

周りの人が「やさしければいい」「仲が良ければいい」という人もいれば、「緊張感があるほうがいい」「切磋琢磨して成長していきたい」という考えの発達障害者もいて、その人なりの心理的安全性が保てる職場が空気感の合う職場だといえるでしょう。

もちろん、支援者が機能的多数派であるとしたら、その空気感は感じ得ないので、当事者にその点を尋ねたりしながら、その原因を探り、可能な限り空気感の合う職場として迎えていただけるように、各部門に働きかけるなどのサポートをします。

なかなか見えにくい部分ですが、こうしたことが、意外と職場定着のポイントだったりすることもあるのです。

# 発達障害者の定着をサポートするには

## 「カスタマイズ就労」を実現する

「カスタマイズ就労」とは、簡単にいうと、次のような意味合いになります。

支援者が発達障害の当事者と共に、本当にやりたい仕事・できる仕事、その仕事ができる職場をディスカバー（発見）し、その職場に働きかけて、当事者に最適な働き方・働く環境を決めたうえで、持続可能で貢献性の高い仕事にコミットすること

その意味では、カスタマイズ就労のあらゆる段階で「支援力」が問われることになりますが、なかでも、そのスタートである「やりたい仕事、できる仕事を探索する」ことは、

当事者の「Want（やりたい仕事）」を知ることであり、その精度がカスタマイズ就労全体の成否を決める非常に重要な部分になります。

多少時間がかかっても、支援者と当事者が協働で情報収集に努め、対話を重ねたうえで、目標をしっかりと定めていくことが肝要《かんよう》です。

## 仕事を見直すタイミング

カスタマイズ就労の精度が良ければ、基本的にはマッチングが整い、発達障害者にとっても、企業にとっても、満足がいく成果が生まれるはずです。

しかし、実際には、想定外のことが少なからず起こって、仕事をアジャストする、あるいはいったんリセットすることが必要になる場合があります。

そのためには、失敗要因の丁寧な分析による微調整の繰り返しが望まれます。このとき重要なのは、当事者視点でやり直すことに加えて、職場の影響を最小化する調整を施すことです。

前にも述べたように、発達障害の人は、ハードスキルよりソフトスキルに課題があることが多いので、アンマッチングの要因が、一見仕事内容にあるように見えても、実は仕事環境にあることをたびたび思い知らされることがあります。

このようなことからも、ときどき立ち止まって、マネジメントの視点からマッチングの是非を検討することが、定着サポートの要点だといえるでしょう。

## 現場（部門）の意向を擦り合わせるには

### 障害者と現場、それ以外の緩衝材となる

発達障害者の職場定着における人事・総務の役割として、当事者のセルフケア力向上に働きかける取り組みはもちろん重要なことですが、一方で、現場（部門）が当事者をアシストするためのハードルを下げる働きかけも、それに負けず劣らず重要です。なかでももっとも大切なことは、**対話をすること**です。

人事・総務はハローワークや障害者就労支援機関など、外部と接する機会が多いので、雇用担当者をしていると、多少福祉の立場からものを見て語る傾向がありますが、現場（部門）には現場の考え方や事情があり、そこを避けては通れません。

特に、障害者雇用においては、コンプライアンスとして「やらされている」感覚があり、

そのために鬱憤も溜まっています。そこをどのようにフォローするかによって、障害者雇用の促進にもなれば、停滞や後退につながる恐れもあります。

そこで、雇用管理担当者としては、発達障害者と部門の間に立って、お互いの立場や考えの通訳をする役割を担う必要があります。

また、部門にとって、障害者雇用が過大な負担にならないように、ある程度放っておいても、障害者が勝手に育つ環境を構築するために、外部の専門家とのネットワークを構築し、ときにはジョブコーチという職場適応援助者の力を借りることも、有効なフォローとなるでしょう。

このように、障害者雇用において、担当者が果たすべき役割はますます増え、多角化しています。ＡＩがいかに発展しても、対人援護職はなくならない。フィジカルな部分はロボットなどで代替できても、メンタルな部分はロボットにはできないことです。

そのスペシャリストとしての役目を果たすべく、障害者・企業、それぞれの立場を踏まえて、双方のフォローをする覚悟が、これからの雇用管理担当者には求められるのです。

# 障害者雇用を業績向上につなげるには

## 専門性を強化し、会社全体のパフォーマンスに連動させる

発達障害がある人の特徴の一つとして、特定のものごとについて「こだわり」が強く、特定の分野の専門性が高いことが挙げられます。興味があることに対しては、労をいとわず、とことん追求するので、知見が高まり、ますます専門性が高まることになります。

そこで、人事・総務担当者としては、この専門性を実際の仕事に活かせるような提案をすることが望まれます。

一方、スキルの高い発達障害者のなかには、専門性があるゆえに、その分野に対する知見が薄い人に対して、いうことを聞かなかったり、バカにしたりする人もいます。

しかし、企業内で専門職として特定の業務に関わる場合には、その人個人の専門能力が

いくら高くても、会社全体のパフォーマンスにつながらなければ、仕事として意味がないし、評価もされないことをきちんと伝え、納得してもらう必要があります。

# トラブルが起きたときにどうするか

## 発達障害者の「困りごと」に対処するには

実習などを通じて、雇用に至った場合でも、実務に携わるようになると、予想と現実のギャップに戸惑うことが多々あると思います。

特に、発達障害の人は、ハードスキル（仕事そのものを遂行する能力）は高いにもかかわらず、ソフトスキル（仕事に直結しない日常生活スキルや対人関係など、就労生活に間接的に関連する能力）が低いために、思わぬ困りごとや想定外のトラブルに直面してしまうことがあります。

このような事態に陥った場合に、当事者の思いに寄り添い、課題を乗り越えるための方法を共に考えるのも雇用管理担当者の役割の一つです。

## 働き方を変える必要性が出た際には

発達障害者の仕事をリセットするときには、仕事内容とは別に、勤務時間や就労形態の変更が必要になる場合もあります。

特にメンタル面での落ち込みが身体に影響しやすい発達障害の人には、それまで何も問題のなかった就労面において、ちょっとした変化が思わぬ影響をおよぼすことがあります。

そのようなときに「対症療法」はあまり効果がないうえに、さらに不調を長びかせる要因になることがあるので、むしろ、いっぺん働き方を変えてみるほうが効果的です。

それで定着が進めば良いですし、不安材料が消えるか、慣れて、また従来の勤務に戻れる場合もあります。

## 「異能」を活かすことの重要性

### マイノリティだからこそできることがある

発達障害専門のキャリアカウンセラーをしていると、「発達障害の人って変わっているよね」といわれることがよくあります。英語なら「unique」でしょうか？

しかし、uniqueには「独特な、風変わりな」という意味はあっても「面白い」という意味は本来ないので、個人的には、カタカナ語のユニークのほうがしっくりする感じがします。

「独特だし、面白い」

変わっているというより、脳の機能がマイノリティ（少数派）であることから、マジョリティ（多数派）にとっては、発想が独特で意外性があり、コミュニケーションのスタイルも違うことから、新鮮で面白いという面があります。

そして、私は、マジョリティにない、このような発想のベースとなる価値観や考え方を「異能」と呼び、この「異能」を諸々な社会的課題の解決に活かすことが、未来にとって有効な手段になると訴えています。

多種多様で複雑化した世の中において、多くの問題をマジョリティのどんな優秀な人間が考えても解決することができないのは、それを解きほぐそうとする人がマジョリティであるからだと思うのです。

多分、優秀なマイノリティには、それができるし、普通のマイノリティでも、たとえば、社内の業務改善や、マジョリティの会議などではなかなか出てこないアイデアが出せると考えています。

しかし、彼らの多くは、こうした「異能」を、目に見えるかたちで事業に結びつける術に疎いところがあります。

そこをいち早く捉え、会社に対して、彼らの使い道を教える役目も雇用管理担当者にはあります。それこそが究極の就労支援だと思います。

# おわりに

この本は、発達障害者の職場定着を推進するための具体策を、一定の局面ごとに説明したものです。

さまざまな局面を考察していますが、一番大切なことは、発達障害がある社員を「雇用し続ける」ことではなく、「キャリアの実現が図れるように育成する」ことです。

「障害」と称されるには、もちろんできないこともありますが、総じて知能が高く、健常者とは違った「異能」を持つ彼らゆえに、適切な支援が実行されれば、企業にとって有益な人材に育つ可能性は非常に大きいと思います。

そのためには、周囲にいる人間が発達障害を理解するだけでなく、仲間として受け入れる意識を持つことが必要です。

しかし、実際においては、それぞれの社員が自分の仕事を持つなかで、なかなかそこまで気がまわらないというのも、正直なところでしょう。

そこで、発達障害者の職場定着について「迷うこと」「困ったこと」があったときに、本書に記載した各局面を参照し、「手引き」として活用していただければ幸いです。

この本が、企業と当事者が win - win の関係づくりの一助となれば、これに勝る喜びはありません。

2019年10月吉日　木津谷　岳

# 参考文献一覧


『間接材購買戦略―会社のコストを利益に変える』
（谷口健太郎／東洋経済新報社）

『ニッポンには対話がない―学びとコミュニケーションの再生』
（北川達夫・平田オリザ／三省堂）

「障害者雇用実態調査」「発達障害の理解のために」（厚生労働省）

「はじめからわかる障害者雇用～事業主のためのQ&A集～」
（独立行政法人高齢・障害・求職者雇用支援機構）

総務省「テレワーク情報サイト」
http://www.soumu.go.jp/main_sosiki/joho_tsusin/telework/furusato-telework/index.html

IT総合情報ポータル「ITメディア」https://www.itmedia.co.jp/

産経新聞社「産経WEST」https://www.sankei.com/west/west.html

フリー百科事典「ウィキペディア（Wikipedia）」https://ja.wikipedia.org/

「炎のジョブコーチ」https://ameblo.jp/honojob

**木津谷　岳（きづや・たかし）**

発達障害者専門キャリアカウンセラー。障害者雇用支援アドバイザー。東京都産業労働局所属。

19年間のデパート勤務を経て、一般企業の人事に転身。法定雇用率未達成企業で障害者雇用に携わったのち、（公財）東京しごと財団及び東京都産業労働局にて、行政の立場から障害者雇用の促進を行う。

企業コンサルタントやセミナー講師としても活動中。

著書に『専門キャリアカウンセラーが教えるこれからの発達障害者「雇用」』（小学館）がある。

企画協力　企画のたまご屋さん

**職場《しょくば》のあの人、**
**もしかして発達障害《はったつしょうがい》？ と思《おも》ったら**

発行日　2019年11月27日　　第1版第1刷

著　者　木津谷　岳

発行者　斉藤　和邦
発行所　株式会社　秀和システム
〒104-0045
東京都中央区築地2丁目1－17　陽光築地ビル4階
Tel 03-6264-3105（販売）Fax 03-6264-3094
印刷所　日経印刷株式会社　　Printed in Japan

ISBN978-4-7980-5979-2 C0036